Cathrin Spellner

Terme und Gleichungen – Inklusionsmaterial

PERSEN

Die Autorin

Cathrin Spellner hat Förderschullehramt mit den Förderschwerpunkten Lernen sowie emotional-soziale Entwicklung mit den Fächern Mathematik und Erdkunde studiert. Sie arbeitet im inklusiven Unterricht derzeit überwiegend im Bereich Lernen.

Der Titel „Terme und Gleichungen“ (ISBN 978-3-403-20594-4) stellt eine Version dieses Bandes ohne Inklusionsmaterial dar.

Gedruckt auf umweltbewusst gefertigtem, chlorfrei gebleichtem und alterungsbeständigem Papier.

1. Auflage 2020

Grafik: Cover: Stefan Lucas; Piktogramme: Julia Flasche
Satz: Satzpunkt Ursula Ewert GmbH, Bayreuth

ISBN: 978-3-403-20593-7

www.persen.de

Inhaltsverzeichnis

1. Vorwort 5

2. Methodisch-didaktische Hinweise 5
- 2.1 Stolpersteine 5
- 2.2 Kompetenzerwartungen 6
- 2.3 Anregung zum Einstieg in das Thema . 6
- 2.4 Durch Kooperation Inklusion ermöglichen 7
- 2.5 Bearbeitung der Kopiervorlagen durch leistungsstärkere Schüler 8

Variablen und Terme

- Variablen erkennen und beschreiben 9
- Variablen erkennen und beschreiben 10
- Mit Variablen rechnen 11
- Mit Variablen rechnen 12
- Terme erkennen und beschreiben 13
- Terme erkennen und beschreiben 14
- Terme ohne Variablen aufstellen 15
- Terme ohne Variablen aufstellen 16
- Terme mit Variablen aufstellen 17
- Terme mit Variablen aufstellen 18
- Terme vergleichen 19
- Terme vergleichen 20
- Terme aufstellen und berechnen 21
- Terme aufstellen und berechnen 22
- Lernzielkontrolle 23
- Lernzielkontrolle 24

Terme vereinfachen und auflösen

- Terme zusammenfassen (1) 25
- Terme zusammenfassen (2) 26
- Terme zusammenfassen (1) 27
- Terme zusammenfassen (2) 28
- Terme mit Klammen auflösen und zusammenfassen (1) 29
- Terme mit Klammen auflösen und zusammenfassen (2) 30
- Terme mit Klammen auflösen und zusammenfassen (3) 31
- Terme mit Klammen auflösen und zusammenfassen (1) 32
- Terme mit Klammen auflösen und zusammenfassen (2) 33
- Terme mit Klammen auflösen und zusammenfassen (3) 34
- Multiplizierte Klammern auflösen und zusammenfassen 35
- Multiplizierte Klammern auflösen und zusammenfassen 36
- Terme mit Klammen auflösen und zusammenfassen (4) 37
- Terme mit Klammen auflösen und zusammenfassen (4) 38
- Dividierte Klammern auflösen und zusammenfassen 39
- Dividierte Klammern auflösen und zusammenfassen 40
- Vermischte Übungen 41
- Vermischte Übungen 42
- Lernzielkontrolle 43
- Lernzielkontrolle 44

Gleichungen lösen

- Gleichungen erkennen und aufstellen 45
- Gleichungen erkennen und aufstellen 46
- Gleichungen umstellen (1) 47
- Gleichungen umstellen (2) 48
- Gleichungen umstellen (1) 49
- Gleichungen umstellen (2) 50
- Gleichungen mit einer Variablen lösen 51
- Gleichungen mit einer Variablen lösen 52
- Gleichungen mit einer Klammer lösen 53
- Gleichungen mit einer Klammer lösen 54
- Gleichungen mit mehreren Klammern lösen (1) 55
- Gleichungen mit mehreren Klammern lösen (2) 56
- Gleichungen mit mehreren Klammern lösen (1) 57
- Gleichungen mit mehreren Klammern lösen (2) 58
- Gleichungen aufstellen und lösen 59
- Gleichungen aufstellen und lösen 60
- Lernzielkontrolle 61
- Lernzielkontrolle 62

Inhaltsverzeichnis

Besondere Gleichungen

Quadratische Gleichungen (1) 63
Quadratische Gleichungen (2) 64
Quadratische Gleichungen (1) 65
Quadratische Gleichungen (2) 66
Bruchgleichungen 67
Bruchgleichungen 68
Gleichungen mit Potenzen 69
Gleichungen mit Potenzen 70
Vermischte Übungen 71
Vermischte Übungen 72
Lernzielkontrolle 73
Lernzielkontrolle 74

Gleichungssysteme

Gleichsetzungsverfahren (1) 75
Gleichsetzungsverfahren (2) 76
Gleichsetzungsverfahren (1) 77
Gleichsetzungsverfahren (2) 78
Einsetzungsverfahren (1) 79
Einsetzungsverfahren (2) 80
Einsetzungsverfahren (1) 81
Einsetzungsverfahren (2) 82
Additionsverfahren (1) 83
Additionsverfahren (2) 84
Additionsverfahren (3) 85
Additionsverfahren (1) 86
Additionsverfahren (2) 87
Additionsverfahren (3) 88
Vermischte Übungen (1) 89
Vermischte Übungen (2) 90
Vermischte Übungen (1) 91
Vermischte Übungen (2) 92
Lernzielkontrolle 93
Lernzielkontrolle 94

Grau unterlegte Arbeitsblätter im Inhaltsverzeichnis sind die Arbeitsblätter für die Schüler mit sonderpädagogischem Förderbedarf.

Digitales Zusatzmaterial:
– Lösungen im PDF-Format

1. Vorwort

Der vorliegende Band bietet Ihnen Ideen und Kopiervorlagen, um neben den Haupt- und Realschülern auch lernschwächeren Schülern[1] mit sonderpädagogischem Förderbedarf den Unterrichtsstoff nachhaltig zu vermitteln.

Ihnen wird schnell auffallen, dass viele Inhalte für die lernschwächeren Schüler mit sonderpädagogischem Förderbedarf weniger abstrakt und anschaulicher dargestellt sind. Diese Schüler benötigen oft das handlungsorientiertere Arbeiten, sodass sie die Inhalte regelrecht begreifen können.

Das vorliegende Werk untergliedert sich in fünf Themenbereiche, wovon jedes einzelne Kapitel eine spezielle Herausforderung für die Schüler bereithält.

1. Variablen und Terme
2. Terme vereinfachen und auflösen
3. Gleichungen lösen
4. Besondere Gleichungen
5. Gleichungssysteme

2. Methodisch-didaktische Hinweise

2.1 Stolpersteine

Um mit Gleichungen gut arbeiten zu können, brauchen wir Terme und Variablen.
Terme sind Rechenausdrücke, mit denen man mathematische Sachverhalte mit Struktur auch mathematisch beschreiben kann. Verbindet man zwei Terme mit einem Gleichheitszeichen, hat man eine Gleichung.
Eine Variable ist ein Buchstabe, der für eine unbekannte Zahl steht oder für einen sich verändernde Zahl. Wichtig dabei ist, dass es in manchen Formeln Variablen gibt, die gar nicht so variabel sind. Zum Beispiel sind in $f(x) = m \cdot x + n$ die Buchstaben m und n feste Zahlen. Allein das x darf sich verändern und ist variabel.

Variablen weisen damit verschiedene Aspekte auf.

1. Den Gegenstandsaspekt: Das bedeutet, die Variable ist ein unbekannter Gegenstand, mit dem man rechnen kann.
2. Den Einsetzungsaspekt: Das bedeutet, die Variable ist ein Platzhalter, für die man eine bestimmte Zahlenmenge einsetzen kann.
3. Den Kalkülaspekt: Das bedeutet, dass man im Hinblick auf den Rechenaspekt nach bestimmten mathematischen Regeln mit einer Variablen, also dem Zeichen, rechnen kann.

Diese drei Aspekte können Schüler im Umgang mit Variablen verunsichern. Schülern fällt es nicht immer leicht, zu unterscheiden, welcher Aspekt nun gefragt wird, weswegen Fehler unterlaufen können.

Für die Terme gelten die gleichen Aspekte:

1. Gegenstandsaspekt: Ein Term ist im Grunde nichts anderes als die Umschreibung eines bestimmten Gegenstandes, hier einer bestimmten Zahl.
2. Einsetzungsaspekt: Ein Term ist eine bestimmte Zahlenform.
3. Kalkülaspekt: Ein Term ist eine Rechenkette, die man nach mathematischen Regeln zusammenfassen kann oder mit ihr weiterrechnet.

Um Terme aufstellen oder lesen zu können, benötigen die Schüler ein bestimmtes Grundwissen an Fachtermini. Nur so können bestimmte Inhalte in Terme übersetzt werden. Oft besteht hier eine große Hürde. Beispielsweise fehlt oft nicht nur die Vorstellungskraft, wenn von einem Drittel einer Sache gesprochen wird, sondern

[1] Wir sprechen hier wegen der besseren Lesbarkeit von Schülern bzw. Lehrern in der verallgemeinernden Form. Selbstverständlich sind auch alle Schülerinnen und Lehrerinnen gemeint.

die Schüler wissen schlichtweg nicht, wie man es mathematisch fassen kann.

Außerdem muss auch gewusst werden, dass ein Buchstabe, den man für eine Variable gewählt hat, innerhalb eines Terms und später innerhalb einer Gleichung für die gleiche Zahl steht. Diese kann man dann auch zusammenfassen durch Produkt- und Faktorenbildung. Verwirrend ist auch oft die Tatsache, dass das Malzeichen zwischen einer Variablenverbindung weggelassen wird und man trotzdem multiplizieren muss. Gleiches gilt für den Faktor 1 vor einer Variablen. Selbst wenn es sich um –1 handelt, bleibt nur das Minus stehen.

Für Gleichungen gelten die oben genannten Aspekte für Variablen und Terme ähnlich:

1. Gegenstandsaspekt: Eine Gleichung ist im Grunde nichts anderes als die mathematische Beschreibung einer Aussage.
2. Einsetzungsaspekt: Eine Gleichung ist eine bestimmte mathematische Aussageform.
3. Kalkülaspekt: Eine Gleichung ist eine Rechenkette, die man nach mathematischen Regeln zusammenfassen und auflösen kann.

Bei einfachen Gleichungen kann man recht schnell die Lösung feststellen, bei schwierigeren Gleichungen ist es ähnlich den Termen. Man muss zusammenfassen und ggf. Klammern auflösen. Hier liegen große Fehlerpotentiale. Schnell hat man mal ein Vorzeichen übersehen oder es nur für die halbe Klammer angewandt. Genauso schnell wird ein a vergessen oder zu einem b verwandelt. Den Schülern muss nahegelegt werden, tatsächlich genau zu schauen und Schritt für Schritt zu arbeiten, bis sie eine gewisse Sicherheit erlangt haben.

Gerade bei Gleichungen muss man zwischen dem Einsetzen, Ersetzen und Umformen unterscheiden. Das Einsetzen bedeutet dabei, dass Zahlen für eine Variable eingesetzt werden. Das Ersetzen ist der Vorgang, wenn Terme für eine Variable ersetzt werden oder andersrum (zum Beispiel Einsetzungsverfahren bei Gleichungssystemen). Dies stellt schon eine höhere Schwierigkeit dar, als das bloße Einsetzen.

Das Umformen bezieht sich nun auf mathematische Regeln, nach denen eine Gleichung geschickt so umgestellt wird, dass man eine Lösung für die Variable erhält. Hier muss man drei Schritte beachten: ggf. Klammern auflösen, Ordnen der Rechenreihe und Zusammenfassen.

2.2 Kompetenzerwartungen

Die Kompetenzerwartungen gehen mit den einzelnen Kapiteln einher. Daher finden Sie zu den hier aufgezählten Kompetenzerwartungen die entsprechenden Arbeitsaufträge in dem vorliegenden Band. Zum Teil wurden die Kompetenzen zuvor näher erläutert.

- Variablen erkennen und beschreiben können
- Terme erkennen und beschreiben können
- Terme mit und ohne Variablen erkennen und aufstellen können
- Terme zusammenfassen können
- Klammern auflösen können
- Aussagen und Beschreibungen mathematisch formalisieren können
- Gleichungen umformen können
- Gleichungen von Ungleichungen unterscheiden können
- Gleichungen lösen können
- Terme und Variablen ersetzen können

2.3 Anregung zum Einstieg in das Thema

Schüler benötigen immer einen guten Lebensweltbezug. Der mediale Umgang kann deswegen gut als Einstieg genutzt werden. Hier kann man zum Beispiel den Telefonanschluss (den man zwingend für das Internet benötigt) oder den Handyvertrag heranziehen.

Beispiel 1: Franks Mama zahlt für ihren neuen DSL-Vertrag die ersten 12 Monate 9,99 € im Monat und ab dann 24,99 € im Monat. Ihr Vertrag läuft 24 Monate. Julias Papa bezahlt bei seinem Vertrag über 24 Monate jeweils 19,99 € im Monat. Welcher Vertrag ist günstiger?

$12 \cdot 9{,}99\ € + 12 \cdot 24{,}99\ € = 119{,}88\ € + 299{,}88\ € = 419{,}76\ €$

24 · 19,99 € = 479,76 €

Antwort: Der Vertrag von Franks Mama ist günstiger.

Beispiel 2: Tina verschickt im Monat weniger als 50 SMS. Sie bezahlt 4,99 € Grundgebühr für ihren Vertrag und hat 50 Frei-SMS. Timo hat ein Prepaid-Handy. Er bezahlt pro SMS 0,19 €. Welche Variante ist günstiger?

Wenn Timo 50 SMS schreiben würde: 50 · 0,19 € = 9,50 € würde er fast doppelt so viel zahlen wie Tina.

Oder: Ab wie vielen SMS lohnt sich der Vertrag? 4,99 € : 0,19 € = 26,26, also ab der 27. SMS, solange ist Timos Vertrag günstiger. (Alternativ oder für später: Wann zahlen beide gleich viel? 4,99 € = x · 0,19 €)

An solchen anschaulichen Beispielen, die man als Frage mit in den Unterricht nehmen kann, können die Schüler nicht nur ihre Rechenfertigkeiten, sondern auch ihr Rechenverständnis und ihre mathematische Diskussionsfähigkeit einüben. Gleichzeitig schult es das Verständnis für Terme als Rechenausdruck. Das zweite Beispiel eignet sich auch, um Variablen und Gleichungen anzusprechen.

2.4 Durch Kooperation Inklusion ermöglichen

Im Sinne der Inklusion ist es wichtig, dass Sie neben individueller Förderung um kooperative Lernformen bemüht sind, um bestmögliche Lernergebnisse zu erzielen. Die nachfolgend aufgeführten Beispiele zeigen deutlich, dass hier nicht in Einzelarbeit strikt nach Leistungsstand gearbeitet wird, sondern die Schüler sich die einzelnen Themen als Klasse gemeinsam erarbeiten.

1. Lernpartner/Lerngruppen

In Lerngruppen arbeiten die Schüler zwar individuell, aber doch gemeinsam an einem Thema und nutzen dafür die Stärken und Vorteile einer Gruppe. Die Gruppen können entweder leistungsheterogen, oder weitestgehend leistungshomogen zusammengestellt sein. Bei leistungsheterogenen Gruppen sollten Sie unbedingt darauf achten, dass die Schüler untereinander klare Rollen haben – ein leistungsstarker Schüler unterstützt z. B. einen leistungsschwächeren Schüler, welcher wiederum einen ebenfalls leistungsschwächeren Schüler erläutert, was er soeben von seinem Mitschüler gelernt hat. In leistungshomogenen Gruppen kann das Gruppenwissen gefestigt und nachhaltig trainiert werden. Richten Sie die Gruppenzusammensetzungen also nach Ihren Unterrichts- und den individuellen Lernzielen der Schüler aus.

2. Selbstkontrolle/gegenseitige Kontrolle

Die eigenständige Kontrolle von Lernergebnissen fördert die Selbstständigkeit der Schüler. Lernschwächere Schüler trauen sich zudem mehr zu, da sie mögliche falsche Lösungen nicht der ganzen Klasse, sondern nur sich selbst preisgeben müssen und die richtige Lösung in individuellem Tempo nachvollziehen und ggf. nachrechnen können

3. Stationenlauf mit und ohne Partner

Bei dem Stationenlauf arbeiten die Schüler überwiegend selbstständig und eigenverantwortlich an Stationen. Selbstständig bzw. eigenverantwortlich bedeutet hier, dass der Lernende die Organisation seines Lernprozesses zunehmend eigenständiger mitgestaltet. Dies ist aber u. a. nur dann möglich, wenn Schüler wissen, wie sie sich Informationen beschaffen, diese aufbereiten und Arbeitsergebnisse selbstständig überprüfen können, d. h. wenn sie selbstständig arbeiten/lernen können. Zwar können die Schüler noch nicht das Thema mitbestimmen und -organisieren, aber die Reihenfolge, die Sozialform sowie die Arbeitsplatzgestaltung müssen sie selbst wählen. Es ist auch vorstellbar, dass die Schüler sich an einen großen Gruppentisch stellen und an diesem arbeiten sowie dort die Materialien lagern. Außerdem sind neben der Gruppen- ebenfalls die Partner- und Einzelarbeit möglich. Auch die Selbstkontrolle an einer Lösungsstation führt immer mehr zu einem eigenverantwortlichen und auch kooperativen Lernen. Wichtig bei dieser Arbeitsform ist es, vor allem für die Schüler mit sonderpädagogischem Förderbedarf, die verschiedenen Aufgabenstationen gestalterisch voneinander abzugrenzen, sodass die Zuordnung erleichtert wird. Um für die Schüler eine Übersichtlichkeit bezogen auf bereits erledigte Aufgaben herzustellen, sollten sie einen Laufzettel erhalten. Ferner sollten bestimmte Regeln gelten, um erfolgreich an den Stationen zu lernen.

Beispiele:
1. Du schummelst nicht und schreibst nicht von anderen ab.
2. Lass dir bei den Aufgaben so viel Zeit, wie du brauchst.
3. Die Reihenfolge der bearbeiteten Aufgaben ist dir überlassen.
4. Überlege dir, ob du alleine, mit einem Partner oder in der Gruppe arbeiten möchtest.
5. Kontrolliere erledigte Aufgaben mithilfe der Lösungsstation.
6. Frage die Lehrkraft nur dann um Hilfe, wenn dir deine Mitschüler nicht helfen können.

Der Lehrer kann bei dieser Arbeitsform die meiste Zeit im Hintergrund verbringen, sollte jedoch für die Schüler jederzeit erreichbar sein, sodass diese so frei wie möglich arbeiten können und die Möglichkeit haben, sich beim Lernen gegenseitig zu unterstützen bzw. zu helfen. Auch der Lehrkraft bietet die Stationenarbeit die Möglichkeit, gezielter zu helfen als bei einer Frontalsituation. Die Stationenarbeit erfordert auch von der Lehrkraft ein völlig anderes Verhalten. Sie muss anregen statt vorgeben sowie beraten statt bestimmen.

4. Wochenplanarbeit

Auch die Arbeit mit einem Wochenplan bietet sich im Rahmen des eigenverantwortlichen und kooperativen Lernens an. Dies ist ebenfalls eine Form der Freiarbeit, bei der der Lernende die Organisation seines Lernprozesses zunehmend eigenständiger mitgestaltet. Auch hier müssen die Schüler wissen, wie sie sich Informationen beschaffen, diese aufbereiten und Arbeitsergebnisse selbstständig überprüfen können. Im Unterschied zur Stationenarbeit werden die Arbeitsaufträge nicht für alle Schüler ausgelegt, sondern jeder Schüler erhält einen individuellen Arbeitsplan bzw. eine Arbeitsmappe. Da sich die Aufgaben oft gleichen, können die Schüler hier auch wieder gemeinsam arbeiten und sich gegenseitig unterstützen. Letzteres ist auch immer dann möglich, wenn nicht die gleichen Aufgaben erarbeitet werden, denn hierfür ist die Form der Freiarbeit geradezu prädestiniert. Scheuen Sie sich nicht, neben den vorgestellten Beispielen weitere kooperative Lernformen einzusetzen.

2.5 Bearbeitung der Kopiervorlagen durch leistungsstärkere Schüler

Die Arbeitsmaterialien, bei denen ein Seitenrandgrau unterlegt ist, sind soweit aufbereitet, dass lernschwächere Schüler gut mit ihnen arbeiten können. Wenn Ihre Schüler die Arbeitsmaterialien gut bearbeitet haben und die Inhalte/Kompetenzen sicher beherrschen, ist es selbstverständlich möglich, ihnen die Arbeitsmaterialien für die Schüler ohne sonderpädagogischen Förderbedarf zur Vertiefung und Erweiterung anzubieten. Nutzen Sie hier immer entsprechend die Arbeitsblätter ohne grauen Seitenrand, die die gleiche Überschrift tragen.

Für leistungsstarke Schüler verwenden Sie die Arbeitsblätter ohne grauen Seitenrand. Zudem können Sie die Arbeitsblätter, die Zwischenschritte behandeln, probeweise nicht bearbeiten lassen. Sollte der inhaltliche Sprung für diese Schüler doch zu groß sein und sie Schwierigkeiten bei der Bearbeitung haben, können Sie die ausgelassenen Arbeitsblätter nachträglich bearbeiten lassen und dann auf das Arbeitsblatt zurückkommen, bei dem sie Schwierigkeiten hatten. Nach Beendigung der Arbeit an den Arbeitsblättern können die stärkeren Schüler die schwächeren Schüler bei der Lösung der Aufgaben unterstützen. Gegebenenfalls können Sie auch weitere Textaufgaben aus dem Mathematikbuch zur Vertiefung heranziehen.

Variablen erkennen und beschreiben

Variablen sind Platzhalter für unbekannte Zahlen. Variablen werden mit Kleinbuchstaben beschrieben.
Beispiele: $2 \cdot a$, $3 + b$, $x - 7$, $10 : y$ usw.

Variablen findet man meist in Formeln. Manchmal gibt es auch mehrere Variablen in einer Formel. Dann gibt es zwei unbekannte Zahlen.
Beispiel: Man berechnet die Fläche eines Rechteckes mit $A = a \cdot b$.

b

a 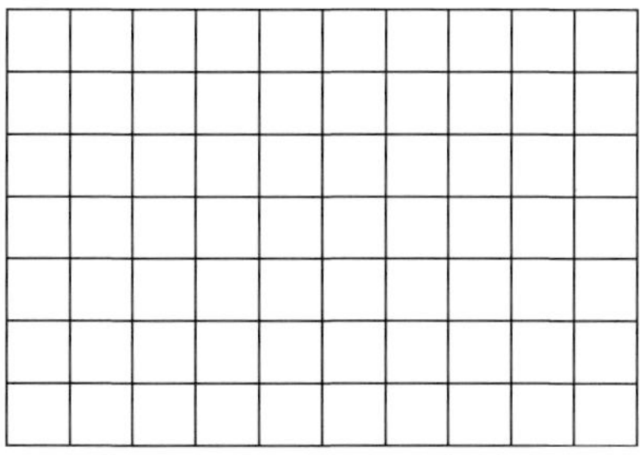

Die Seite a ist 7 Kästchen lang. Also ist b = 7.
Die Seite b ist 10 Kästchen lang. Also ist a = 10.
Deshalb kann man rechnen: $A = 7 \cdot 10 = 70$
Das Rechteckt hat 70 Kästchen.

Erkläre folgende Formeln mithilfe der Zeichnungen.

Fläche eines Quadrates: $A = a \cdot a$

a

a 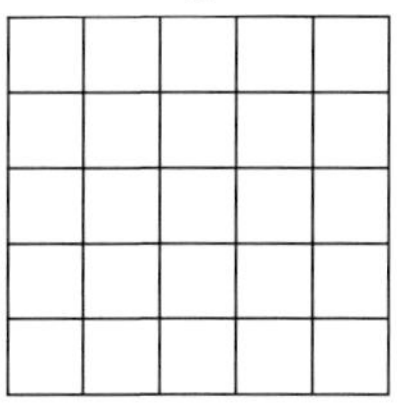

Umfang eines Quadrates: $U = 4 \cdot a$

a

a 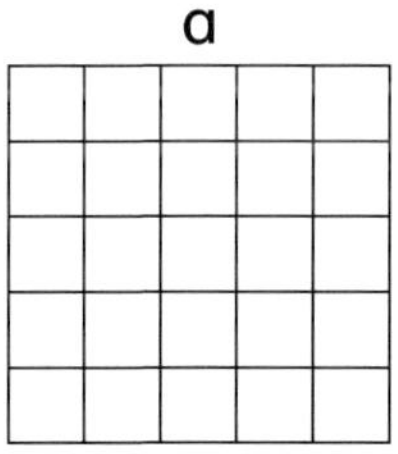

Umfang eines Rechteckes: $U = 2 \cdot a + 2 \cdot b$

b

a 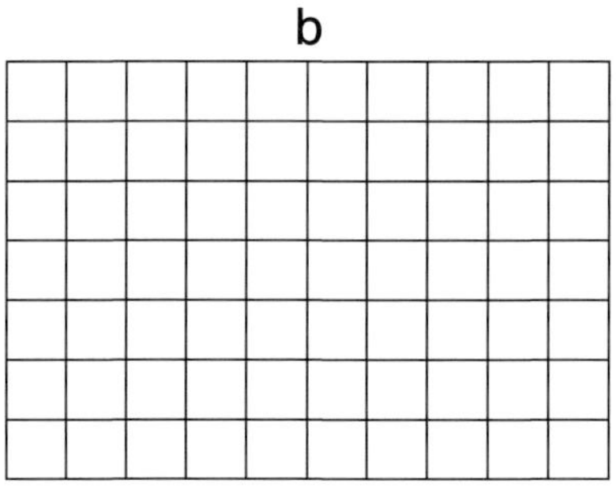

Variablen erkennen und beschreiben

Variablen sind Platzhalter für unbekannte Zahlen. Variablen werden mit Kleinbuchstaben beschrieben. Beispiele: 2 · a, 3 + b, x – 7, 10 : y usw.

Variablen findet man meist in Formeln. Manchmal gibt es auch mehrere Variablen in einer Formel. Dann gibt es zwei unbekannte Zahlen.

① **Erkläre die Formel für die Flächenberechnung eines Rechteckes: A = a · b**

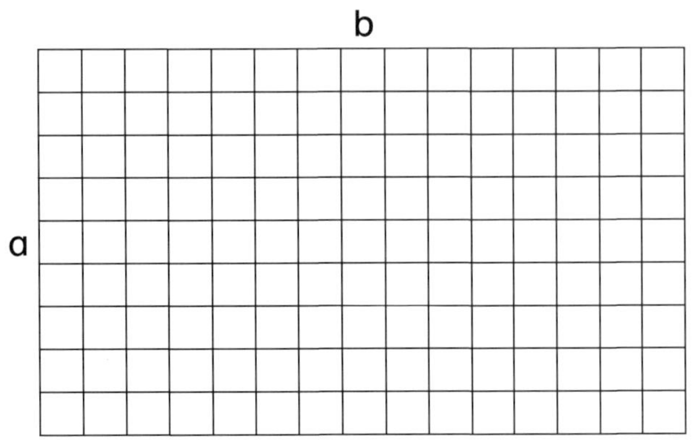

Die Seite a ist ______ Kästchen lang.

Also ist a = ______.

Die Seite b ________________________________

____

Deshalb kann man rechnen:

A = ________________________________

Das Rechteckt hat ________________________.

② **Suche eine weitere Formel im Buch oder in deinem Heft und erkläre sie anhand einer Zeichnung.**

③ **Benenne die Zahlen, für die die Variablen stehen.**

a) Ein Meter hat x Zentimeter.

b) Ein Jahr hat y Tage.

c) Ein Kilogramm sind z Gramm.

④ **Formuliere Aufgaben wie in Aufgabe 3. Schreibe die Lösung dazu.**

a) ________________________________

b) ________________________________

c) ________________________________

⑤ **Setze für die Variablen die Zahlen 1 bis 7 ein und schreibe jeweils das Ergebnis auf.**

	1	2	3	4	5	6	7
x + 116							
35 – z							
420 : y							
3 · c							

Mit Variablen rechnen

Für Variablen kann man Zahlen einsetzen.

Beispiel:

80 – x → x soll 2 sein. → 80 – 2 → 80 – 2 = 78

1 Setze jeweils x = 5 ein und rechne aus.

a) 70 – x = 70 – 5 = 65

b) 80 – x = 80 – _____ = _____

c) 90 + x = 90 + _____ = _____

d) 30 + x = 30 + _____ = _____

e) 50 : x = 50 : _____ = _____

f) 25 : x = 25 : _____ = _____

2 Setze für die Variablen die Zahlen 1 bis 5 ein und schreibe jeweils das Ergebnis auf.

	1	2	3	4	5
x + 20					
15 – z					
60 : y					
2 · c					

3 Benenne die Zahlen, für die die Variablen stehen.

a) 1 Kilogramm sind x Gramm.

1 kg = x g

1 kg = 1 000 g

b) 1 Stunde hat x Minuten.

1 h = x min

1 h = _____ min

c) 1 Meter sind x Zentimeter.

1 m = x cm

1 m = _____

d) 1 Zentimeter hat x Millimeter.

1 cm = _____

_____

4 Schreibe mit Variablen.
Beispiel: Du hast doppelte so viele Sticker wie dein Freund. → 2 · x

a) Peter hat 3 Stifte mehr als ich. _____

b) Susi hat 5 Euro weniger als Peter. _____

c) Teile 45 Bonbons auf x Kinder auf. _____

d) Jörg hat 3-mal so viele Bücher wie Tim. _____

Mit Variablen rechnen

① **Setze ein und berechne.**

	5	12	13	17	18	16	7
7 + x – 3							
2 · x – 7							
19 – x + 6							
9 · x + 2							
216 – 2 · x							

② **Schreibe mit Variablen.**
Beispiel: Du hast doppelte so viele Sticker wie Hanna. → 2 · x

a) Ingo fährt jeden Tag einige Kilometer zur Arbeit und zurück.

b) Jan und Theo müssen gleich viele Aufgaben rechnen.

c) Anja schießt einige Tore. Sina schießt 4 Tore weniger.

d) Jana hat in der Arbeit 4 Punkte mehr als Ina.

③ **Tims Klasse fährt in den Zoo. Die Busfahrt kostet die Klasse insgesamt 60 €.**
Der Eintritt in den Zoo kostet 5 Euro pro Kind.

a) Schreibe mit einer Variablen, was der Eintritt kostet.

b) Schreibe mit einer Variablen, was der Ausflug insgesamt kostet.

c) Was kostet der Ausflug, wenn 15 (20, 25, 30, 35) Kinder mitfahren?

④ **Das Ergebnis folgender Aufgaben soll immer 24 ergeben. Finde die richtigen Zahlen für die Variablen.**

a) 17 + c

b) 2 · a

c) 37 – b

d) 48 : x

e) 96 : 2 – y

f) 2 · 17 – z

⑤ **Berechne die Aufgaben. Suche dir Zahlen für die Variablen aus.**

a) 17 · a

b) d : 6

c) f – 63

d) 50 : g + 1

e) 16 · 2 + b

f) 2 · 17 – e

g) 43 + l

h) 3 · 9 + h

i) 100 – 30 : c

k) o – 16

l) m + 20 : 2

m) k – 20 : 10

Terme erkennen und beschreiben

Ein Term ist eine sinnvolle Zeichenreihe aus Zahlen, Größen, Variablen, Rechenzeichen (+, –, ·, :) und Klammern. Ein Term kann auch nur aus einer Zahl oder einer Variablen bestehen.

Ein Term enthält nie die Zeichen =, < oder >. Auch Aufzählungen verschiedener Zahlenreihen (z. B. 1, 2, 3 …) ist kein Term.

Beispiele für Terme:
12 : 3 5 – x 5 kg + 2 kg (17 + 3) · 2 $\frac{1}{2} + \frac{1}{4}$

❶ Markiere alle Terme farblich. Alle anderen mathematischen Zeichenreihen streichst du durch.

24 : 2 = 12	(3l + 2l) · x	5; 6; 7; 8	9 + x	189
a · b	y	9 · (5 – 3)	7 < 9	50 g : 2

❷ Überlege dir verschiedene Terme und schreibe mindestens 3 auf.

❸ Terme beschreiben mathematische Zusammenhänge.

Beispiel: Dieter hat 5 Euro mehr als Hannes gespart. x + 5 €

Finde die passenden Terme zu folgenden Aussagen und verbinde:

a)	Tim hat zwei mal 7 Sticker.	20 : 2
b)	Tilo hat 2 Punkte mehr als Jana.	2 · 7
c)	Jans Bruder ist halb so schwer wie er.	x : 2
d)	Anna ist doppelt so alt wie Nina.	x + 2
e)	Frank hat zwei Tore weniger geschossen als sein Freund.	x – 2
f)	Tom und Anton teilen sich 20 Pflaumen.	x · 2

❹ Überlege dir wie in Aufgabe ❸ zwei Beschreibungen und die passenden zwei Terme.

Terme erkennen und beschreiben

Ein Term ist ein sinnvoller mathematischer Rechenausdruck. Er besteht aus Zahlen, Größen, Variablen, Rechenzeichen (+, –, *, :) und Klammern. Ein Term kann auch nur aus einer Zahl oder einer Variablen bestehen. Ein Term enthält nie Relationszeichen (=, <, >).

Beispiele für Terme:
12 : 3   5 – x   5 kg + 2 kg   (17 + 3) · 2 $\frac{1}{2} + \frac{1}{4}$

① **Markiere alle Terme farblich. Alle anderen mathematischen Zeichenreihen streichst du durch. Begründe.**

24 : 2	(3l + 2l) · x > 5l	5, 6, 7, 8	19 · x – z	189
a^2	y – 13 + (a – 6)	(9 – 5) · (8 – 3)	7 = x : 9	50 g · a

② **Überlege dir verschiedene Terme und schreibe mindestens 5 auf.**

③ **Wilde Sparer**
Terme beschreiben mathematische Zusammenhänge. Finde zu den folgenden Aussagen den richtigen Term.

Beispiel:

	Aussage	Term
a)	Dieter hat 5 Euro mehr als Hannes gespart.	x + 5 €
b)	Jan hat 50 €.	100 € – 2 €
c)	Oli hat doppelt so viel Geld wie Jan.	2 · 50 €
d)	Hannes hat zwei Euro weniger als Oli.	196 € – 14 €
e)	Frank hat doppelt so viel Geld wie Hannes.	182 € : 2
f)	Nina hat 14 € weniger als Frank.	98 € · 2
g)	Nico hat halb so viel Geld wie Nina.	50 €

Knobelaufgabe: Wie viel Geld hat Dieter?

④ **Überlege dir wie in Aufgabe ③ vier Beschreibungen und die passenden vier Terme.**

Terme ohne Variablen aufstellen

Viele Texte kann man mathematisch beschreiben und dazu Terme aufstellen. Meist finden wir in Texten Zahlen und Signalwörter wie „mehr“, „weniger“, „doppelt so viel“ usw. oder andere Hinweise auf die Rechnung.

Zum Beispiel:
Tina hat 7 Muscheln am Strand gefunden. 3 schenkt sie ihrer kleinen Schwester.

→ Die Zahlen 7 und 3 sehen wir sofort.
→ „Schenken“ ist ein Hinweis auf die Rechnung.
→ Tina verschenkt Muscheln und hat danach weniger Muscheln, also müssen wir minus rechnen.
→ Der Term heißt 7 – 3.

❶ Hier wird immer addiert.

a) Achte auf die Zahlen, Signalwörter und Hinweise. Markiere sie.
b) Stelle einen Term auf.

Tina hat 20 Euro gespart. Anja hat 3 Euro mehr gespart.
Uwe hat 10 Hühner. Frank hat 7 Hühner mehr.
Hannes hat 15 Rennautos dabei. Mica hat auch noch 9 Rennautos mit.

❷ Hier wird immer subtrahiert.

a) Achte auf die Zahlen, Signalwörter und Hinweise. Markiere sie.
b) Stelle einen Term auf.

Jan hat 6 Euro. Klaus hat 2 Euro weniger.
Tina ist 13 Jahre alt. Anne ist 2 Jahre jünger.
Anne ist 15 cm kleiner als ihr großer Bruder. Ihr Bruder ist 125 cm groß.

❸ Hier wird immer multipliziert.

a) Achte auf die Zahlen, Signalwörter und Hinweise. Markiere sie.
b) Stelle einen Term auf.

Anja hat 4 Stifte, Bernd hat dreimal so viele.
Tina trifft das Tor drei Mal. Ina trifft doppelt so oft.
Anna zahlt 3 Euro Eintritt. Ihr Vater muss das Doppelte bezahlen.

❹ Hier wird immer dividiert.

a) Achte auf die Zahlen, Signalwörter und Hinweise. Markiere sie.
b) Stelle einen Term auf.

Tanja verschenkt 24 Muffins an ihre 12 Freunde.
Frank kauft sich eine DVD für 10 Euro. Seine Eltern bezahlen die Hälfte.
Jan teilt 4 Euro mit seinem Bruder.

Terme ohne Variablen aufstellen

Viele Texte kann man mathematisch mit Termen umschreiben. Die Zahlen kann man in den Texten oft sehr gut erkennen. Die Signalwörter und Hinweise auf die Rechnungen muss man genau erlesen.

Beispiel: Ben verteilt 15 Kekse an seine 5 Freunde.

→ Die Zahlen 15 und 5 erkennen wir auf einen Blick.
→ „Verteilt" ist ein Hinweis auf die Rechnung und heißt hier geteilt rechnen.
→ Der Term lautet 15 : 5.

① **a)** Achte auf die Zahlen, Signalwörter und Hinweise. Markiere sie.
b) Stelle einen Term auf.

Tims Getränkeflasche fasst 500 ml. Jans Flasche ist doppelt so groß.

Jens teilt 32 Spielkarten auf alle 4 Spieler auf.

Tina schafft 3 Liegestütze mehr als Ute. Ute hat 7 geschafft.

Die Hose kostet 15 Euro. Jan bezahlt mit einem 20-Euro-Schein.

Tina kauft für sich und ihre 2 Freundinnen Kinokarten für jeweils 7 €.

Tim fährt 90 km zur Arbeit und wieder zurück.

Beim Fußballspiel gewinnt die Mannschaft mit 2 Toren Vorsprung. Die andere Mannschaft hat 1 Tor.

② **Hier wird es etwas komplizierter.**

a) Achte auf die Zahlen, Signalwörter und Hinweise. Markiere sie.
b) Stelle einen Term auf.

Ich habe 20 Euro. Frank hat 4 Euro mehr als ich. Jan hat 2 Euro weniger als Frank.

Du hast 12 Punkte. Nimm davon die Hälfte und zähle 17 dazu.

Anne ist 11 Jahre alt. Ihr Vater ist viermal so alt. Ihr Opa ist 22 Jahre älter als der Vater.

Ich verteile 20 Karten auf 2 Spieler. Jeder Spieler muss dann 2 Karten aufnehmen und 1 wieder ablegen.

Jan bekommt an jedem Sonntag im Monat Taschengeld. Am ersten Sonntag bekommt er 2 Euro, am zweiten Sonntag doppelt so viel. Am dritten Sonntag bekommt er 6 Euro, am vierten Sonntag halb so viel.

Ina geht mit ihren Eltern einkaufen. Sie kauft eine Hose für 10 Euro und eine Jacke für 36 Euro. Zwei Drittel der Jacke bezahlen ihre Eltern.

Anne bezahlt für ihre 3 Freunde und sich selbst ein Getränk für 2 Euro. Außerdem kauft sie für alle 2 Packungen Chips für 3 Euro.

Terme mit Variablen aufstellen

Manchmal finden wir in den Aufgaben keine Zahlen, aber einen Bezug zu einer Zahl. Hier müssen wir dann Variablen benutzen.

Zum Beispiel:
Tina hat Muscheln am Strand gefunden. 3 schenkt sie ihrer kleinen Schwester.

→ Die Zahl 3 sehen wir sofort.
→ Wie viele Muscheln Tina gefunden hat, wissen wir nicht. Es kann aber als eine beliebige Zahl beschrieben werden. Also x (Variable).
→ „Schenken“ ist ein Hinweis auf die Rechnung.
→ Tina verschenkt Muscheln und hat danach weniger Muscheln, also müssen wir minus rechnen.
→ Der Term heißt $x - 3$.

❶ Hier wird immer addiert.

a) Achte auf die Zahlen, Signalwörter und Hinweise. Markiere sie.
b) Stelle einen Term auf.

Tina hat Geld gespart. Anja hat 3 Euro mehr gespart.
Uwe hat Hühner. Frank hat 7 Hühner mehr.
Hannes hat 15 Rennautos dabei. Mica hat auch noch Rennautos mit.

❷ Hier wird immer subtrahiert.

a) Achte auf die Zahlen, Signalwörter und Hinweise. Markiere sie.
b) Stelle einen Term auf.

Jan hat 6 Euro. Klaus hat weniger Geld.
Tina ist 13 Jahre alt. Anne ist jünger als sie.
Anne ist 15 cm kleiner als ihr großer Bruder.

❸ Hier wird immer multipliziert.

a) Achte auf die Zahlen, Signalwörter und Hinweise. Markiere sie.
b) Stelle einen Term auf.

Anja hat einige Stifte, Bernd hat dreimal so viele.
Tina trifft das Tor ein paar Mal. Ina trifft doppelt so oft.
Anna zahlt ihren Eintritt für das Kino. Ihr Vater muss das Doppelte bezahlen.

❹ Hier wird immer dividiert.

a) Achte auf die Zahlen, Signalwörter und Hinweise. Markiere sie.
b) Stelle einen Term auf.

Tanja verschenkt 24 Muffins an ihre Freunde.
Frank kauft sich eine DVD. Seine Eltern bezahlen die Hälfte.
Jan teilt sein Geld mit seinem Bruder.

Terme mit Variablen aufstellen

Manchmal finden wir in den Aufgaben keine Zahlen, aber einen Bezug zu einer Zahl. Hier müssen wir dann Variablen benutzen.

Beispiel: Ben verteilt Kekse an seine 5 Freunde.

→ Die Zahl 5 erkennen wir auf einen Blick.
→ Wir wissen nicht, wie viele Kekse Ben verteilt. Es kann aber als eine beliebige Zahl beschrieben werden. Also x (Variable).
→ „Verteilt“ ist ein Hinweis auf die Rechnung und heißt hier geteilt rechnen.
→ Der Term lautet x : 5.

① **a)** Achte auf die Zahlen, Signalwörter und Hinweise. Markiere sie.
b) Stelle einen Term auf.

Jans Getränkeflasche ist doppelt so groß wie Tims Flasche.

Jens teilt die Spielkarten auf alle 4 Spieler auf.

Tina schafft 3 Liegestütze mehr als Ute.

Die Hose kostet 15 Euro. Jan bezahlt nicht passend.

Tina kauft für sich und ihre zwei Freundinnen Kinokarten.

Tim fährt einige Kilometer zur Arbeit und wieder zurück.

Beim Fußballspiel gewinnt die Mannschaft mit 2 Toren Vorsprung.

② **Hier wird es etwas komplizierter.**

a) Achte auf die Zahlen, Signalwörter und Hinweise. Markiere sie.
b) Stelle einen Term auf.

Frank hat 4 Euro mehr als ich. Jan hat 2 Euro weniger als Frank.

Du hast Punkte in einem Spiel gesammelt. Nimm davon die Hälfte und zähle 17 dazu.

Der Vater von Anne ist viermal so alt wie sie. Ihr Opa ist 22 Jahre älter als der Vater.

Ich verteile 20 Karten auf alle Spieler. Jeder Spieler muss dann 2 Karten aufnehmen und 1 wieder ablegen.

Jan bekommt an jedem Sonntag im Monat Taschengeld. Am ersten Sonntag bekommt er welches, am zweiten Sonntag doppelt so viel. Am dritten Sonntag bekommt er 6 Euro, am vierten Sonntag halb so viel.

Ina geht mit ihren Eltern einkaufen. Sie kauft eine Hose für 10 Euro und eine Jacke. Zwei Drittel der Jacke bezahlen ihre Eltern.

Anne bezahlt für jeden ihrer 2 Freunde und sich selbst ein Getränk. Außerdem kauft sie für alle 2 Packungen Chips für 3 Euro.

Terme vergleichen

Terme kann man vergleichen, indem man ihren Wert berechnet.

Beispiel:

→ Der Term $7 + 5$ hat den Wert 12.
→ Der Term $8 + 6$ hat den Wert 14.
→ Also: $7 + 5 < 8 + 4$

1 Vergleiche die Terme und setze das Zeichen $<$, $>$ oder $=$ ein.

a) $8 + 3$ ◯ $9 + 6$

b) $\frac{1}{2}$ ◯ $2 - 1$

c) $x + x$ ◯ $3 \cdot x$

d) $x : 2$ ◯ $\frac{1}{2} \cdot x$

e) 17 ◯ $9 + 3 + 5$

f) $7 - 6$ ◯ $25 + 5 - 29$

2 Finde zu jedem Term einen Term, der den gleichen Wert hat.

a) $5 \cdot 3 + 2$ ____________________

b) $7 + 3$ ____________________

c) $x + x$ ____________________

d) $15 : 3$ ____________________

e) $9 - 3$ ____________________

f) $75 + 1 - 49$ ____________________

g) $8 \cdot 2$ ____________________

h) $14 : 2$ ____________________

3 Finde zu jedem Term einen Term, der größer ist.

a) $5 \cdot 3 + 2$ ____________________

b) $7 + 3$ ____________________

4 Finde zu jedem Term einen Term, der kleiner ist.

a) $8 \cdot 2$ ____________________

c) $59 - 1 + 3$ ____________________

Terme vergleichen

Terme kann man vergleichen.

Beispiel:

→ Der Term 7 + 5 hat den Wert 12.
→ Der Term 8 + 6 hat den Wert 14.
→ Also: 7 + 5 < 8 + 4

① **Vergleiche die Terme und setze das Zeichen <, > oder = ein.**

a) x + 3 ◯ x + 6

b) $\frac{3}{2}$ ◯ 2 – 1

c) x + x + x + x ◯ 3 · x

d) x : 4 ◯ $\frac{1}{4}$ · x

e) x – 17 ◯ x – 23 + 7

f) 7 – x ◯ 5 + 5 – x

g) 108 : x ◯ 6 – 3

h) 4 · 11 ◯ 11 + 4

② **Verbinde die Terme, die den gleichen Wert haben.**

15 – x	x + 7	44 : 2	9 · 7	124 : 4	19x
95 : 5	21 + 3x – 2	62 : 2	–x + 5 · 3	3x + 19	35 + 47
20x – 1x	100 – 18	115 – 50 – 2	9 + x – 2	8 · 2 + 3	36 – 14

③ **Finde zu jedem Term einen Term, der den gleichen Wert hat.**

b) 5 · 3 – 2x ______________

b) 7 + x ______________

c) x + x + x ______________

d) 15 : x ______________

e) 9 – 3 + x ______________

f) 75 + 1 – x ______________

g) 8 · 2 – x ______________

h) x + 2 ______________

i) 59 – x + 3 ______________

j) 49 : 7 – x ______________

④ **Finde zu jedem Term einen Term, der größer ist.**

a) 5x + 2 ______________

b) 7 + x ______________

c) x + x + x ______________

d) 15 : 5 – x ______________

⑤ **Finde zu jedem Term einen Term, der kleiner ist.**

a) x + 17 – 3 ______________

b) x + 2 ______________

c) 59 – x +3 ______________

d) 49 : 7 – x ______________

Terme aufstellen und berechnen

1 Deine Klasse hat 21 Schüler. Ihr lauft am Wandertag zum Kino und schaut euch dort einen Film an. Der Eintritt kostet pro Schüler 6,50 €. Auf dem Rückweg benutzt Ihr den Bus. Für alle Schüler und euren Lehrer kostet die Fahrt zurück 45 €.

a) Was kostet der Ausflug insgesamt?

b) Was würde der Ausflug kosten, wenn nur 16 Schüler mitfahren würden?

c) Was kostet der Ausflug bei 27 Schülern?

2 Antons Mannschaft erreicht beim Wettbewerb 15 Punkte mehr als Timos Mannschaft.

a) Wie viele Punkte hat Antons Mannschaft, wenn Timos Mannschaft 15 (37, 56 und 85) Punkte erreicht hat?

b) Wie viele Punkte hat Timos Mannschaft, wenn Antons Mannschaft 15 (37, 56 und 85) Punkte erreicht hat?

3 a) Die Grundgebühr deines Handyvertrags kostet 10 €. Für jede Nachricht musst du 20 ct bezahlen. Wie viel bezahlst du, wenn du 10, 20, 35, 55 oder 60 Nachrichten pro Monat schreibst?

b) Dein Freund hat einen Vertag, der doppelt so viel Grundgebühr kostet wie deiner. Dafür kostet ihn eine Nachricht nur 10 ct. Wie viel bezahlt er insgesamt, wenn er 10, 20, 35, 55 oder 60 Nachrichten pro Monat schreibt?

c) Welcher Vertag ist günstiger? Begründe.

4 Jans Eltern schlagen ihm vor, dass sie ihm das Taschengeld anders bezahlen möchten.

a) Momentan bekommt er jede Woche 5 € und einmal im Monat zusätzlich 10 €. Wie viel Taschengeld bekommt Jan im Jahr?

b) Seine Eltern möchten Jan nun jeden Monat 20 € geben und Ende März, Juni, September und Dezember jeweils 50 €. Würdest du dich für diese Variante entscheiden? Begründe.

5 Du möchtest dir eine Spielekonsole für 350 € kaufen. Jeden Monat sparst du 20 Euro. Deine Oma steckt dir jeden Monat noch 5 € zu. Wie viel Geld hast du nach 4, 5, 7, 9, 11 und 14 Monaten?

6 Ina kauft sich zwei Hosen zu je 10 €, eine Bluse für 15 € und ein paar Schuhe für 20 €. Jana kauft zum selben Preis eine Hose, zwei Blusen und ein paar Schuhe. Wer bezahlt mehr?

Terme aufstellen und berechnen

① **Deine Klasse hat 22 Schüler. Ihr wollt in ein Schwimmbad fahren. Der Eintritt kostet pro Schüler 5,50 €. Die einzelne Fahrt kostet jeweils 2 €.**

a) Was kostet der Ausflug insgesamt?

b) Was würde der Ausflug kosten, wenn nur 19 Schüler mitfahren würden?

c) Was kostet der Ausflug bei 31 Schülern?

② **Antons Mannschaft erreicht beim Wettbewerb 23 Punkte mehr als Timos Mannschaft. Franks Mannschaft hat doppelte so viele Punkte wie Antons Mannschaft.**

a) Wie viele Punkte hat Antons Mannschaft, wenn Timos Mannschaft 25 (47, 59 und 93) Punkte erreicht hat?

b) Wie viele Punkte hat Timos Mannschaft, wenn Antons Mannschaft 25 (47, 59 und 93) Punkte erreicht hat?

c) Wie viele Punkte hat Franks Mannschaft dann jeweils?

③ **a)** Die Grundgebühr deines Handyvertrags kostet 5 €. Für jede Nachricht musst du 15 Cent bezahlen, für jeden Anruf 20 ct. Wie viel bezahlst du, wenn du pro Tag 10, 20, 35, 55 und 60 Nachrichten schreibst und zwei Anrufe tätigst?

b) Dein Freund hat einen Vertag, der doppelt so viel Grundgebühr kostet wie deiner. Dafür kostet ihn eine Nachricht nur 10 ct und jeder Anruf 15 ct. Wie viel bezahlt er, wenn er pro Tag 10, 20, 35, 55 oder 60 Nachrichten schreibt und zwei Anrufe tätigt?

c) Welcher Vertag ist günstiger? Begründe.

④ **Jans Eltern schlagen ihm vor, dass sie ihm das Taschengeld anders bezahlen möchten.**

a) Momentan bekommt er jede Woche 7 € und jeden zweiten Monat zusätzlich 15 €. Wie viel Taschengeld bekommt Jan im Jahr?

b) Seine Eltern möchten Jan nun jeden zweiten Monat 25 € geben und pro Quartal zusätzlich 50 €. Würdest du dich für diese Variante entscheiden? Begründe.

c) Jans Eltern schlagen vor, dass Jan alle zwei Wochen 6 € erhält, in den Sommerferien bekommt er zusätzlich 50 € und kurz vor Weihnachten 150 €. Was sagst du zu dieser Variante? Begründe.

⑤ **Ina kauft sich zwei Hosen zu je 15 €, eine Bluse für 17 € und ein paar Schuhe für 23 €. Jana kauft zum selben Preis eine Hose, zwei Blusen und ein paar Schuhe. Außerdem kauft sie einen Rock für 7 €. Tim kauft sich eine Jeans und ein T-Shirt und bezahlt nur halb so viel wie Ina. Tilo kauft zwei Jeans und bezahlt 9 € mehr als Tim. Wer bezahlt wie viel?**

⑥ **Jochen spart bekommt 20 € Zinsen im Jahr. Nico spart auch und bekommt pro Quartal 4 € Zinsen. Wer erhält mehr Zinsen?**

Lernzielkontrolle

❶ **Setze für die Variablen die Zahlen 1 bis 5 ein und schreibe jeweils das Ergebnis auf.**

a) $x + 17$

b) $19 - z$

c) $120 : y$

d) $7 \cdot c$

❷ **Stelle jeweils einen Term auf.**

a) Tina hat Geld gespart. Anja hat 7 € weniger gespart.

b) Hannes hat 15 Kirschen. Mica hat 9 Kirschen weniger.

c) Tina ist 17 Jahre alt. Anne ist älter als sie.

d) Anne ist 23 cm größer als ihr Bruder. Ihr Bruder ist 131 cm groß.

e) Anna zahlt 2,50 Euro Eintritt. Ihr Vater muss das Dreifache bezahlen.

f) Tina trifft das Tor ein paar Mal. Ina trifft halb so oft.

g) Tanja verteilt 36 Schokoküsse an 18 Mitschüler.

h) Frank kauft sich eine Hose für 30 Euro. Seine Eltern bezahlen 20 Euro dazu.

i) Jan teilt seine Stifte mit seinem Bruder.

❸ **Vergleiche die Terme und setze das Zeichen <, > oder = ein.**

a) $8 + 9$ ◯ $17 - 6$

b) $\frac{1}{4}$ ◯ $2 - 2$

c) $a + a + a$ ◯ $3 \cdot a$

d) $x \cdot 3$ ◯ $\frac{1}{2} \cdot x$

e) 19 ◯ $9 - 3 + 15$

f) $17 - 6$ ◯ $25 + 1 - 19$

❹ **In deiner Klasse sind 23 Schüler. Ihr fahrt ins Kino. Der Eintritt kostet 7 €, die einzelne Fahrt 3 €.**

a) Was muss jeder Schüler bezahlen?

b) Was zahlt ihr insgesamt?

❺ **Antons Mannschaft erreicht beim Wettbewerb 117 Punkte, Timos Mannschaft hat 3 Punkte mehr. Jans Mannschaft hat nur halb so viele Punkte wie Timos Mannschaft. Wie viele Punkte haben Timos und Jans Mannschaften?**

❻ **Tina spart 130 € im Jahr. Anne spart jeden Monat 11 €. Welches Mädchen spart mehr Geld im Jahr?**

Lernzielkontrolle

① **Setze für die Variablen die Zahlen 1 bis 7 ein und schreibe jeweils das Ergebnis auf.**

a) $x + 111$

b) $37 - z$

c) $840 : y$

d) $12 \cdot c$

② **Stelle einen Term auf.**

a) Die Hose kostet 17 €. Jan bezahlt mit zwei 10-Euro-Scheinen.

b) Jens teilt die Spielkarten auf alle drei Spieler auf.

c) Tina kauft für sich und ihre drei Freundinnen Kinokarten für jeweils 9 € und für jeden eine kleine Portion Popcorn.

d) Tim fährt 75 km zur Arbeit und wieder zurück.

e) Beim Fußballspiel verliert die Mannschaft mit 2 Toren Unterschied. Die andere Mannschaft hat 4 Tore.

f) Ich habe 35 Euro. Frank hat 4 Euro weniger als ich. Jan hat 2 Euro mehr als Frank.

g) Du hast 96 Punkte. Nimm davon die Hälfte und zähle 23 dazu.

h) Anne ist 17 Jahre alt. Ihr Vater ist dreimal so alt. Ihr Opa ist 19 Jahre älter als der Vater.

i) Ina geht mit ihren Eltern einkaufen. Sie kauft ein Handy für 190 Euro und eine Hülle. Die Hälfte des Handys bezahlen ihre Eltern.

③ **Vergleiche die Terme und setze das Zeichen <, > oder = ein.**

a) $x + 5 - 3$ ◯ $2 + x$

b) $\frac{3}{2}$ ◯ $2 + 1$

c) $x + x$ ◯ $3 \cdot x$

d) $x : 3$ ◯ $\frac{1}{4} \cdot x$

e) $x - 19 + 3$ ◯ $7 + x - 23$

f) $7 - x + 3$ ◯ $5 + 5 - x$

g) $108 + x$ ◯ $x - 6$

h) $3 \cdot 11$ ◯ $11 + 3$

④ **Die Grundgebühr deines Handyvertrags kostet 5 €. Für jede Nachricht musst du 15 ct bezahlen. Du schreibst im Monat rund 1500 Nachrichten. Die Grundgebühr bei deinem Freund beträgt 50 €. 500 Nachrichten hat er gratis, danach zahlt er pro Nachricht 15 ct. Welcher Vertrag ist günstiger? Begründe.**

⑤ **Für einen Ausflug holt ihr Angebote bei einem Busunternehmen ein. In eurer Klasse sind 23 Schüler. Für welches Angebot entscheidet ihr euch?**

a) Pro Schüler zahlt ihr 5 € .

b) Auf der Rückfahrt nimmt das Busunternehmen noch eine zweite Klasse mit. Deshalb zahlt ihr für die Hinfahrt 65 € und für die Rückfahrt 45 €.

c) Ihr zahlt einen Grundbetrag von 50 €. Außerdem zahlt jeder Schüler noch 3 €.

⑥ **Ina bekommt jeden Monat 10 € Taschengeld. Tina bekommt im Quartal 30 €. Wer bekommt mehr Taschengeld im Jahr?**

Terme zusammenfassen (1)

Terme sind oft lang und unübersichtlich.
Wir können sie durch zusammenfassen vereinfachen.

Beispiel:
15 + 3a + 2a – 11 – 4a + 6 – 2 + 5a

1. Unterstreiche alle Bestandteile, die zusammengehören.
   Achte dabei auf die Vorzeichen. Unterstreiche auch die Vorzeichen.

   15 + 3a + 2a – 11 – 4a + 6 – 2 + 5a

2. Sortiere nun alles, was zusammengehört, zusammen und schreibe auf.

   15 – 11 + 6 – 2 + 3a + 2a – 4a + 5a

3. Rechne zusammen, was man zusammenrechnen kann.

   $\underbrace{15 - 11 + 6 - 2}_{8} + \underbrace{3a + 2a - 4a + 5a}_{6a}$

4. Die Lösung ist der zusammengefasste Term:
   15 + 3a + 2a – 11 – 4a + 6 – 2 + 5a = 8 + 6a

❶ Fasse den Term nach folgendem Schema zusammen.

7a – 19 – 3a + 6 – 2a + 6a + 27 + 3

1. Unterstreiche alle Bestandteile, die zusammengehören.

____

2. Sortiere alles, was zusammengehört, zusammen.

____

3. Rechne zusammen, was man zusammenrechnen kann.

____

4. Schreibe die Lösung auf.

____

❷ Fasse folgende Terme zusammen.

4a + 19 + 3 – 2a – 7 + 3a +1

Terme zusammenfassen (2)

❶ Fasse den Term nach folgendem Schema zusammen.

$27 + 5a - 16 + 18a - 9a - 15$

1. Unterstreiche alle Bestandteile, die zusammengehören.

____

2. Sortiere alles und rechne zusammen.

____

3. Schreibe die Lösung auf.

____

❷ Fasse die folgenden Terme zusammen.

a) $23 + 7a + 8 + 9a + 6 + 12a$

____

b) $9 - 13a + 5 + 16a - 3 + 7a$

____

c) $15a + 6 + 9a - 8a + 7 + 3$

____

d) $17a - 13a + 25 - 2a - 17 + 3$

____

e) $45 - 3a + 7 + 9a - 29a + 3$

____

f) $29a - 17 - 6a + 35 + 16a - 8$

____

g) $2a + 39 + 8a - 17 + 8 - 6a$

____

Terme zusammenfassen (1)

Terme sind oft lang und unübersichtlich. Wir fassen sie deshalb zusammen.

Beispiel:

1. Unterstreiche alle Bestandteile mit ihren Vorzeichen, die zusammengehören.

   $15 + 3a + 2a - 11 - 4a + 6 - 2 + 5a$

2. Sortiere nun und rechne zusammen.

   $\underbrace{15 - 11 + 6 - 2}_{8} + \underbrace{3a + 2a - 4a + 5a}_{6a}$

3. Der zusammengefasste Term lautet:

   $15 + 3a + 2a - 11 - 4a + 6 - 2 + 5a = \underline{\underline{8 + 6a}}$

Fasse die folgenden Terme zusammen.

a) $19 + 13a - 6 - 5 - 7a + 3a$

b) $27a - 23 + 49 - 9a + 15$

c) $-16a + 23 + 5a - 17 + 12a + 3$

d) $-17 + 32a + 6a + 13 + 7 + 7a$

e) $13 + 7a + 7 + 29a - 8 - 9a + 15 - 3a$

f) $-12a + 36 - 7 + 35a - 17a + 5a - 16$

g) $19a - 23 + 13a - 8a + 45 - 27 + 19a - 13$

h) $19 - 23a + 13a - 7a + 45 - 27 + 1a - 13$

Terme zusammenfassen (2)

① **Fasse den Term nach folgendem Schema zusammen.**

7b – 19 – 3a – 6 – 2b + 6a + 27 – 3

1. Unterstreiche alle Bestandteile, die zusammengehören.

____

2. Sortiere alles und rechne zusammen.

____

3. Schreibe die Lösung auf.

____

② **Fasse die folgenden Terme zusammen.**

a) 23 + 8b + 7a – 18 + 5a – 7 – 2b +13

____

b) 4a + 15 + 2b – 3 + 3b + 39 – 2a

____

c) 18 + 23a + 8b – 17a – 2a + 17

____

d) –23a + 27b + 49a – 12 – 13b + 54

____

e) 17a + 57b + 67 – 45b – 3a – 9

____

f) 13 + 6 + 19a – 6b + 3a + 8b – 6

____

g) 26b + 7 + 8a – 16b – 9 + 15a

____

h) 13a + 6 – 19a – 6b + 3a + 8b – 6

____

i) 26b – 7b + 8a – 16b – 9 + 15a + 13

____

Terme mit Klammern auflösen und zusammenfassen (1)

Steht ein „+“ vor der Klammer, kannst du die Klammer einfach wegnehmen.

Beispiel: 15 + 3a + (6 – 2 + 5a)

1. Löse zuerst die Klammer auf.
   15 + 3a + (6 – 2 + 5a) → 15 + 3a + 6 – 2 + 5a
2. Unterstreiche alle Bestandteile, die zusammengehören.
   15 + 3a + 6 – 2 + 5a
3. Sortiere nun alles und rechne zusammen.
   15 + 6 – 2 + 3a + 5a = 19 + 8a

Fasse die folgenden Terme zusammen.

a) 7a + (8 + 9a + 6)

____

____

b) 9 + (5 + 16a – 3)

____

____

c) 15a + (–8a + 7)

____

____

d) 17a – 13a + (25 – 2a)

____

____

e) 45 + (9a – 29a + 3)

____

____

Terme mit Klammen auflösen und zusammenfassen (2)

Steht ein „–“ vor der Klammer, ändern sich alle Vorzeichen in der Klammer.

Beispiel: $15 + 3a - (6 - 2 + 5a)$

1. Löse als erstes die Klammer auf.
   a) Vor Bestandteilen ohne Vorzeichen, darfst du ein „+“ schreiben.
   $15 + 3a - (6 - 2 + 5a) \rightarrow 15 + 3a - (+6 - 2 + 5a)$
   b) Schreibe das Rechenzeichen vor der Klammer und alle in der Klammer um.
   $15 + 3a - (+6 - 2 + 5a) \rightarrow 15 + 3a + (-6 + 2 - 5a)$
   c) Lass die Klammer mit dem Rechenzeichen vor der Klammer nun weg.
   $15 + 3a + (-6 + 2 - 5a) \rightarrow 15 + 3a - 6 + 2 - 5a$
2. Unterstreiche alle Bestandteile, die zusammengehören.
   $15 + 3a - 6 + 2 - 5a$
3. Sortiere nun alles und rechne zusammen.
   $15 - 6 + 2 + 3a - 5a = 11 - 2a$

Fasse die folgenden Terme zusammen.

a) $7a - (8 + 9a + 6)$

b) $9 - (5 + 16a - 3)$

c) $15a - (-8a + 7)$

d) $17a - 13a - (25 - 2a)$

Terme mit Klammern auflösen und zusammenfassen (3)

Steht ein „·“ vor der Klammer, muss jeder Teil der Klammer damit multipliziert werden.

Beispiel: $6 \cdot (5 + 3a - 2)$

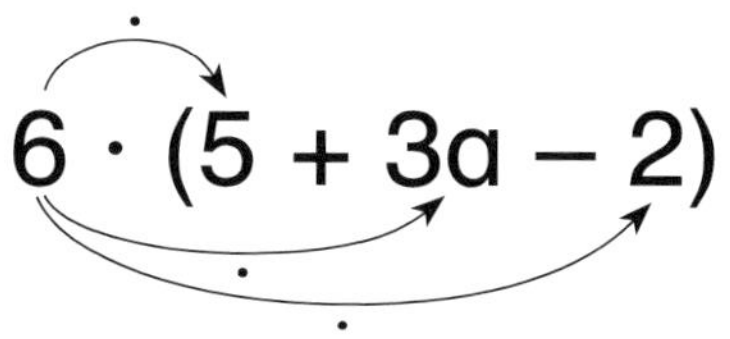

1. Multipliziere alle Bestandteile aus der Klammer mit dem vor der Klammer.
   $6 \cdot (5 + 3a - 2) \rightarrow 6 \cdot 5 + 6 \cdot 3a - 6 \cdot 2$
2. Rechne aus.
   $6 \cdot 5 + 6 \cdot 3a - 6 \cdot 2 \rightarrow 30 + 18a - 12$
3. Unterstreiche alle Bestandteile, die zusammengehören.
   $30 + 18a - 12$
4. Sortiere nun alles und rechne zusammen.
   $30 - 12 + 18a = 18 + 18a$

Fasse die folgenden Terme zusammen.

a) $7 \cdot (8 + 9a + 6)$

b) $9 \cdot (5 + 16a - 3)$

c) $15 \cdot (-8a + 7)$

d) $17 \cdot (25 - 2a)$

Terme mit Klammern auflösen und zusammenfassen (1)

Steht ein „+" vor der Klammer, kannst du die Klammer einfach wegnehmen.

Beispiel:

$15 + 3a + (6 - 2 + 5a) \rightarrow 15 + 3a + 6 - 2 + 5a \rightarrow 15 \underset{\sim}{+ 3a} \underline{+ 6} \underline{- 2} \underset{\sim}{+ 5a}$

$\underline{15} \underline{+ 6} \underline{- 2} \underset{\sim}{+3a} \underset{\sim}{+5a} = 19 + 8a$

Fasse die folgenden Terme zusammen.

a) $23 + (8b - 7 - 2b) + 13$

____

b) $4a + (15 + 2b - 3) + 3b$

____

c) $18 + (23a + 8b) - 17a + 17$

____

d) $-23a + (27b + 49a) - 12 + 54$

____

e) $17a + (57b + 67 - 45b)$

____

f) $13 + 6 + (19a - 6b) + 3a$

____

g) $26b + 7 + (8a - 16b - 9)$

____

h) $13a + (6 - 19a - 6b) + 3a$

____

i) $26b - 7b + (8a - 16b - 9 + 15a)$

____

j) $26b - 7b + (8a - 16b) + 13$

____

Terme mit Klammern auflösen und zusammenfassen (2)

Steht ein „–" vor der Klammer, ändern sich alle Vorzeichen in der Klammer.

Beispiel:

Vor Bestandteilen ohne Vorzeichen, darfst du ein + schreiben.

$15 + 3a - (6 - 2 + 5a) \rightarrow 15 + 3a - (+6 - 2 + 5a)$

Schreibe das Rechenzeichen vor der Klammer und alle in der Klammer um.

$15 + 3a - (+6 - 2 + 5a) \rightarrow 15 + 3a + (-6 + 2 - 5a)$

Lass die Klammer mit dem Rechenzeichen vor der Klammer nun weg.

$15 + 3a + (-6 + 2 - 5a) \rightarrow 15 + 3a - 6 + 2 - 5a \rightarrow \underline{15} \underset{\sim}{+ 3a} \underline{- 6} \underline{+ 2} \underset{\sim}{- 5a}$

$\underline{15} \underline{- 6} \underline{+ 2} \underset{\sim}{+ 3a} \underset{\sim}{- 5a} = 11 - 2a$

Fasse die folgenden Terme zusammen.

a) $23 - (8b - 7 - 2b) + 13$

____

b) $4a - (15 + 2b - 3) + 3b$

____

c) $18 - (23a + 8b) - 17a + 17$

____

d) $-23a - (27b + 49a) - 12 + 54$

____

e) $17a - (57b + 67 - 45b)$

____

f) $13 + 6 - (19a - 6b) + 3a$

____

g) $26b + 7 - (8a - 16b - 9)$

____

Terme mit Klammern auflösen und zusammenfassen (3)

Steht ein „·“ vor der Klammer, muss jeder Teil der Klammer damit multipliziert werden.

Beispiel:

$$6 \cdot (5 + 3a - 2)$$

1. Multipliziere alle Bestandteile aus der Klammer mit dem vor der Klammer.
   $6 \cdot (5 + 3a - 2) \rightarrow 6 \cdot 5 + 6 \cdot 3a - 6 \cdot 2$
2. Rechne aus.
   $6 \cdot 5 + 6 \cdot 3a - 6 \cdot 2 \rightarrow 30 + 18a - 12$

   $30 + 18a - 12 \rightarrow 18 + 18a$

Fasse die folgenden Terme zusammen.

a) $23 \cdot (8b - 7 - 2b)$

____

b) $4 \cdot (15 + 2b - 3)$

____

c) $18 \cdot (23a + 8b - 17a)$

____

d) $-2 \cdot (27b + 49a) - 12$

____

e) $7 \cdot (57b + 67 - 45b)$

____

f) $13 \cdot (19a - 6b) + 3a$

____

Multiplizierte Klammern auflösen und zusammenfassen

Jeder Teil muss mit jedem Teil multipliziert werden.

Beispiel: $(6 + 3a) \cdot (5 + 3a)$

$$(6 + 3a) \cdot (5 + 3a)$$

1. Multipliziere alle Bestandteile der Klammern miteinander.
   $(6 + 3a) \cdot (5 + 3a) \rightarrow 6 \cdot 5 + 6 \cdot 3a + 3a \cdot 5 + 3a \cdot 3a$
2. Rechne aus.
   $6 \cdot 5 + 6 \cdot 3a + 3a \cdot 5 + 3a \cdot 3a \rightarrow 30 + 18a + 15a + 9a^2$
3. Unterstreiche alle Bestandteile, die zusammengehören.
   $\underline{30} + \underline{18a + 15a} + \underline{\underline{9a^2}}$
4. Sortiere nun alles und rechne zusammen.
   $\underline{30} + \underline{18a + 15a} + \underline{\underline{9a^2}} = 30 + 33a + 9a^2$

Fasse die folgenden Terme zusammen.

a) $(23 + 7a) \cdot (8 + 9a)$

b) $(9 - 1a) \cdot (5 + 7a)$

c) $(15a + 6) \cdot (8a + 7)$

d) $(13a + 25) \cdot (2a + 3)$

Multiplizierte Klammern auflösen und zusammenfassen

Jeder Teil muss mit jedem Teil multipliziert werden.

Beispiel:

$$(6 + 3a) \cdot (5 + 3a)$$

1. Multipliziere alle Bestandteile der Klammern miteinander.
   $(6 + 3a) \cdot (5 + 3a) \rightarrow 6 \cdot 5 + 6 \cdot 3a + 3a \cdot 5 + 3a \cdot 3a$
2. Rechne aus.
   $6 \cdot 5 + 6 \cdot 3a + 3a \cdot 5 + 3a \cdot 3a \rightarrow 30 + 18a + 15a + 9a^2$

   $\underline{30} + \underline{18a + 15a} + \underline{\underline{9a^2}} \rightarrow 30 + 33a + 9a^2$

Fasse die folgenden Terme zusammen.

a) $(23 + 8a) \cdot (7a - 18) + 13$

b) $(4a + 15) \cdot (2a - 3) - 2a$

c) $(18 + 23a) \cdot (8 - 17a)$

d) $(-23a + 27) \cdot (49a - 12) - 13b$

e) $(17a + 57) \cdot (67 - 3a) - 9$

f) $13 + (6 + 19a) \cdot (-3a - 6)$

g) $(8a - 16) \cdot (9 + 15a)$

h) $(13a + 6) \cdot (-19a - 6) - 6$

Terme mit Klammern auflösen und zusammenfassen (4)

Steht ein „:“ nach der Klammer, multipliziere mit dem Kehrwert.

Beispiel: $(6 + 4a) : 2 \rightarrow (6 + 4a) \cdot \frac{1}{2} = (6 + 4a) \cdot 0{,}5 = 0{,}5 \cdot (6 + 4a)$

$$0{,}5 \cdot (6 + 4a)$$

1. Multipliziere alle Bestandteile aus der Klammer mit dem vor der Klammer.
   $0{,}5 \cdot (6 + 4a) \rightarrow 0{,}5 \cdot 6 + 0{,}5 \cdot 4a$
2. Rechne aus.
   $0{,}5 \cdot 6 + 0{,}5 \cdot 4a \rightarrow 3 + 2a$

Fasse die folgenden Terme zusammen.

a) $(9 + 12a + 6) : 3$

b) $(5 + 15a - 10) : 5$

c) $(-14a + 7) : 7$

d) $(26 - 2a) : 2$

e) $(9a - 27a + 3) : 3$

Terme mit Klammen auflösen und zusammenfassen (4)

Steht ein „:“ nach der Klammer, multipliziere mit dem Kehrwert.

Beispiel: $(6 + 4a) : 2 \rightarrow (6 + 4a) \cdot \frac{1}{4} = (6 + 4a) \cdot 0{,}5 = 0{,}5 \cdot (6 + 4a)$

$$0{,}5 \cdot (6 + 4a)$$

1. $0{,}5 \cdot (6 + 4a) \rightarrow 0{,}5 \cdot 6 + 0{,}5 \cdot 4a$
2. $0{,}5 \cdot 6 + 0{,}5 \cdot 4a \rightarrow 3 + 2a$

Fasse die folgenden Terme zusammen.

a) $(8b - 72 - 16b) : 8$

____

b) $(15 + 2b - 3) : \frac{2}{3}$

____

c) $(23a + 8b - 17a) : \frac{1}{4}$

____

d) $(28b + 49a) : 7 - 12$

____

e) $(57b + 67 - 45b) : \frac{1}{3}$

____

f) $(19a - 6b) : \frac{2}{5}$

____

g) $26b + (36a - 18b - 9) : 3$

____

h) $(6 - 18a - 6b) : 6 + 3a$

____

Dividierte Klammern auflösen und zusammenfassen

Manchmal wird ein Term in der Klammer durch einen anderen Termen in der Klammer geteilt. Wir müssen wie bei der schriftlichen Division rechnen.

$(\mathbf{a}^2 + 4a + 4) : (\mathbf{a} + 2) = a + 2$	Wie oft passt das a in a^2? a-mal
$-\ (a^2 + 2a)$	Wir rechnen $(a + 2) \cdot a = a^2 + 2a$. Anschließend subtrahieren wir.
$\mathbf{2a} + 4$	*Wir holen die 4 herunter.* Wie oft passt das a in 2a? 2-mal
$-\ (2a + 4)$	Wir rechnen $(a + 2) \cdot 2 = 2a + 4$. Anschließend subtrahieren wir.
0	An der Stelle sind wir fertig.

Rechne nach dem Schema.

$(\mathbf{a}^2 + 6a + 9) : (\mathbf{a} + 3) =$ ________	Wie oft passt das a in a^2? a-mal
– (__________)	Wir rechnen $(a + 3) \cdot a =$ ______. Anschließend subtrahieren wir.
__________	*Wir holen die 9 herunter.* Wie oft passt das a in 3a? 3-mal
– (__________)	Wir rechnen $(a + 3) \cdot 3 =$ ______. Anschließend subtrahieren wir.
0	An der Stelle sind wir fertig.

$(\mathbf{a}^2 + 6a + 8) : (\mathbf{a} + 4) =$ ________	Wie oft passt das a in a^2? ___-mal
– (__________)	Wir rechnen $(a + 4) \cdot$ ___ = ______. Anschließend subtrahieren wir.
__________	*Wir holen die ___ herunter.* Wie oft passt das a in _____? ___-mal
– (__________)	Wir rechnen $(a + 4) \cdot$ ___ = ______. Anschließend subtrahieren wir.
0	An der Stelle sind wir fertig.

$(\mathbf{a}^2 + 15a + 50) : (\mathbf{a} + 5) =$ ________	Wie oft passt das a in a^2? ____-mal
– (__________)	Wir rechnen (______) · ___ = ______. Anschließend subtrahieren wir.
__________	*Wir holen die ___ herunter.* Wie oft passt das a in _____? ___-mal
– (__________)	Wir rechnen (______) · ___ = ______. Anschließend subtrahieren wir.
0	An der Stelle sind wir fertig.

$(\mathbf{a}^2 + 4a - 12) : (\mathbf{a} - 2) =$ ________	Wie oft passt das a in a^2? a-mal
– (__________)	Wir rechnen (______) · ___ = ______. Anschließend subtrahieren wir.
__________	*Wir holen die ___ herunter.* Wie oft passt das a in _____? ___-mal
– (__________)	Wir rechnen (______) · ___ = ______. Anschließend subtrahieren wir.
0	An der Stelle sind wir fertig.

Dividierte Klammern auflösen und zusammenfassen

$(\mathbf{a}^2 + 4a + 4) : (\mathbf{a} + 2) = a + 2$	Wie oft passt das a in a^2? a-mal
$-\ (a^2 + 2a)$	Wir rechnen $(a + 2) \cdot a = a^2 + 2a$. Anschließend subtrahieren wir.
$\mathbf{2a} + 4$	*Wir holen die 4 herunter.* Wie oft passt das a in 2a? 2-mal
$-\ (2a + 4)$	Wir rechnen $(a + 2) \cdot 2 = 2a + 4$. Anschließend subtrahieren wir.
0	An der Stelle sind wir fertig.

Rechne nach dem Schema.

$(a^2 + 6a - 7) : (a - 1) =$ ______	Wie oft passt das a in a^2? a-mal
– (________)	Wir rechnen ________ · a = ______. Anschließend subtrahieren wir.
________	*Wir holen die* __ *herunter.* Wie oft passt das a in _____? __-mal
– (________)	Wir rechnen ________ · __ = ______. Anschließend subtrahieren wir.
0	An der Stelle sind wir fertig.

$(2a^2 + 6a + 4) : (a + 1) =$ ______	Wie oft passt das a in $2a^2$? __-mal
– (________)	Wir rechnen ________ · 2a = ______. Anschließend subtrahieren wir.
________	*Wir holen die* __ *herunter.* Wie oft passt das a in _____? __-mal
– (________)	Wir rechnen ________ · __ = ______. Anschließend subtrahieren wir.
0	An der Stelle sind wir fertig.

$(2a^2 + 14a - 36) : (a - 2) =$ ______	Wie oft passt das a in $2a^2$? __-mal
– (________)	____________________
________	____________________
– (________)	____________________
0	____________________

$(4a^2 + 4a - 8) : (a + 2) =$ ______	____________________
– (________)	____________________
________	____________________
– (________)	____________________
0	____________________

Vermischte Übungen

❶ Welche vereinfachten Terme auf der rechten Seite gehören zu den Termen auf der linken Seite? Verbinde.

	Term		vereinfachter Term
a)	$(12 + 12a + 6) : 3$		$24b + 134$
b)	$(1a + 5) \cdot (2a + 3)$		$30a - 9b$
c)	$3 - (2b + 4 - 1b) + 13$		$3a^2 - 3a - 6$
d)	$(15 + 25a - 20) : 5$		$4a + 6$
e)	$(57b + 67 - 45b) : \frac{1}{2}$		$2a^2 + 13a + 15$
f)	$(3a + 3) \cdot (1a - 2)$		$4a - 12 - 2b$
g)	$4a - (15 + 2b - 3)$		$5a - 1$
h)	$(20a - 6b) : \frac{2}{3}$		$12 - 1b$

❷ Finde die Fehler und korrigiere.

$$
\begin{array}{l}
(a^2 + 10a + 25) : (a + 5) = 2a + 5 \\
\underline{-\ (a^2 + 5a)} \\
\qquad 15a + 25 \\
\qquad \underline{-\ (15a + 25)} \\
\qquad 0
\end{array}
$$

$$
\begin{array}{l}
(a^2 + 3a - 4) : (a - 1) = a + 2 \\
\underline{-\ (a^2 - 1a)} \\
\qquad 2a - 2 \\
\qquad \underline{-\ (2a - 2)} \\
\qquad 0
\end{array}
$$

❸ Fasse die Terme zusammen.

a) $(8b - 12 - 16b) : 2$

____

b) $7 \cdot (15 + 2b - 3)$

____

c) $2b + (23a + 8b - 17a)$

____

d) $(3a + 7) \cdot (5 - 1a)$

____

Vermischte Übungen

① **Welche vereinfachten Terme auf der rechten Seite gehören zu den Termen auf der linken Seite? Verbinde.**

	Term		Vereinfachter Term
a)	$(51 + 21a - 6) : 3$		$-75 + 25a$
b)	$(1a - 5) \cdot (2a - 3)$		$4a + 12b - 8$
c)	$3 - (2b - 14 + 6b) + 13$		$2a^2 - 13a + 15$
d)	$13 + (12b - 4 + 11b) - 21$		$4b - 74$
e)	$(5 + 5a - 20) : \frac{1}{5}$		$15 + 7a$
f)	$(7b - 37 - 5b) : \frac{1}{2}$		$-6b - 4$
g)	$(5a - 3) \cdot (3a + 2)$		$-8b + 30$
h)	$4a - (15 - 12b - 7)$		$-12 + 23b$
i)	$3 + (-21b + 4 + 15b) - 11$		$9a - 18b + 45$
j)	$(3\,a - 6\,b + 15) : \frac{1}{3}$		$15a^2 - 6 + 1a$

② **Finde die Fehler und korrigiere.**

$$
\begin{array}{l}
(4a^2 + 10a - 50) : (a + 5) = 4a + 30 \\
-\ (4a^2 + 20a) \\
\hline
\qquad 30a - \mathit{50} \\
\qquad -\ (30a - 150) \\
\hline
\qquad 100
\end{array}
$$

$$
\begin{array}{l}
(1{,}5a^2 - 3a - 1{,}5) : (a - 1) = 1{,}5a + 1{,}5 \\
-\ (1{,}5^2 - 1{,}5a) \\
\hline
\qquad 1{,}5a - \mathit{1{,}5} \\
\qquad -\ (1{,}5a - 1{,}5) \\
\hline
\qquad 0
\end{array}
$$

③ **Fasse die Terme zusammen.**

a) $(19b - 13 - 6b) : \frac{2}{3}$

____

b) $7 \cdot (25 - 12b - 13)$

____

c) $2b - 2a + (23a + 8b - 17a) - 3$

____

d) $8b - 3a - (28b + 49a) + 19$

____

e) $(3a - 7) \cdot (-5b + 2a)$

____

Lernzielkontrolle

❶ Fasse die Terme zusammen.

a) $(4b + 12 - 6b) : 2$

____

____

b) $2 \cdot (7 + 3b - 3)$

____

____

c) $2b + (3a + 8b - 7a)$

____

____

d) $8b - (2b + 49)$

____

____

e) $(1a + 7) \cdot (2 - 2a)$

____

____

❷ Fasse zusammen.

$(\mathbf{a}^2 + 5a + 6) : (\mathbf{a} + 2) =$ ______

$-$ (__________)

____

$-$ (__________)

0

Wie oft passt das a in a^2? ___-mal

Wir rechnen (_____) · ___ = _____. Anschließend subtrahieren wir.

Wir holen die ___ *herunter.* Wie oft passt das a in _____? ___-mal

Wir rechnen (_____) · ___ = _____. Anschließend subtrahieren wir.

An der Stelle sind wir fertig.

$(\mathbf{a}^2 + a - 2) : (\mathbf{a} - 1) =$ ______

$-$ (__________)

____

$-$ (__________)

0

Wie oft passt das a in a^2? a-mal

Wir rechnen (_____) · ___ = _____. Anschließend subtrahieren wir.

Wir holen die ___ *herunter.* Wie oft passt das a in _____? ___-mal

Wir rechnen (_____) · ___ = _____. Anschließend subtrahieren wir.

An der Stelle sind wir fertig.

Lernzielkontrolle

① **Fasse die Terme zusammen.**

a) $(9b + 3 - 5b) : \frac{2}{3}$

____

____

b) $5 \cdot (11 - 3b + 7)$

____

____

c) $12b - 9a + (-13a + 6b - 7a) + 11$

____

____

d) $8b - (-8b - 49a + 13) + 19$

____

____

e) $(-1a + 7) \cdot (-5b + 2a)$

____

____

② **Fasse zusammen.**

$(3a^2 + 14a - 40) : (a - 2) =$ ______

$- (\_\_\_\_\_\_)$

______

$- (\_\_\_\_\_\_)$

0

Wie oft passt das a in $3a^2$? ____-mal

____

____

____

____

$(2{,}5a^2 + 15a + 22{,}5) : (a + 3) =$ ______

$- (\_\_\_\_\_\_)$

______

$- (\_\_\_\_\_\_)$

0

____

____

____

____

Gleichungen erkennen und aufstellen

Gleichungen sind mindestens zwei Terme, die durch ein Gleichheitszeichen (=) verbunden werden.

Beispiel: $7 + 5 = 14 - 2$
$12 = 12$

Auf beiden Seiten des Gleichheitszeichens muss dasselbe Ergebnis stehen. Wäre das nicht der Fall, wäre es eine Ungleichung (≠).

1 Überprüfe, ob es sich um eine Gleichung handelt.

a) $15 + 3 = 20 - 2$

b) $5 \cdot 3 - 2 = 20 : 2 + 3$

c) $19 - 6 = 13 + 1$

d) $9 : 3 + 7 = 2 \cdot 4 + 2$

e) $23 - 2 \cdot 6 = 10 + 1$

f) $3 \cdot 6 - 8 = 3 \cdot 5$

2 Vervollständige die Tabelle.

Aussage	Term
Das Dreifache	$3 \cdot x$
Addiere die Zahl 3.	x + ______
Multipliziere mit 3.	______
Dividiere durch 3.	______
Addiere zum Doppelten die Zahl 7.	______
Ziehe von der Hälfte die Zahl 3 ab.	______
______	$6x - 1$
______	$5x + 3$
______	$x : 4 + 1$

3 Löse folgende Zahlenrätsel.

a) Das Fünffache eine Zahl ist gleich der Hälfte dieser Zahl addiert mit 3.

b) Eine Zahl dividiert durch 5 ist gleich die Zahl vermindert um 8.

c) Zum Dreifachen einer Zahl addiert man 2 und erhält das Doppelte der Zahl vermindert um 3.

d) Ich multipliziere eine Zahl mit 4 und erhalte das Fünffache der Zahl vermindert um die Zahl.

Gleichungen erkennen und aufstellen

Gleichungen sind mindestens zwei Terme, die durch ein Gleichheitszeichen (=) verbunden werden. Auf beiden Seiten muss das gleiche Ergebnis stehen, sonst ist es eine Ungleichung (≠). Beispiel: $7 + 5 = 14 - 2$

① **Überprüfe, ob es sich um eine Gleichung handelt.**

a) $16 + 3 = 21 - 2$
b) $2 \cdot 3 + 6 = 12 + 2$
c) $18 - 7 = 2 \cdot 5 + 1$
d) $13{,}5 - 1{,}5 = 2 \cdot 6$
e) $17 + 5 - 1 = 12 \cdot 2 - 3$
f) $18 : 2 + 5 = 2 \cdot 7 - 1$
g) $21 : 3 + 3 = 2 \cdot 5$
h) $3 \cdot 6 - 3 = 3 \cdot 4 + 3$
i) $19 - 7 \cdot 2 = 2 \cdot 2 + 1$
j) $31 - 9 = 2 \cdot 11 - 6$
k) $8 \cdot 3 + 6 = 30 : 2 + 15$
l) $8 \cdot 4 - 5 = 45 : 15 + 1$

② **Löse folgende Zahlenrätsel.**

a) Das Fünffache einer Zahl ist gleich der Hälfte dieser Zahl addiert mit 6.
b) Eine Zahl dividiert durch 4 ist gleich die Zahl vermindert um 9.
c) Zum Vierfachen einer Zahl addiert man 3 und erhält das Doppelte der Zahl vermindert um die Zahl 2.
d) Ich multipliziere eine Zahl mit 7 und erhalte das Fünffache der Zahl vermehrt um 14.
e) Das Dreifache einer Zahl vermindert um 5 ergibt die Hälfte der Zahl vermehrt um 17.
f) Die Hälfte von 120 ergibt das Doppelte einer Zahl addiert mit 23.
g) Addiere ich zu 23 eine Zahl x erhalte ich die Zahl 37 vermindert um die Zahl x.
h) Ziehe ich von dem Dreifachen einer Zahl die Zahl 5 ab, erhalte ich das Doppelte der Zahl vermehrt um 3.
i) Das Vierfache einer Zahl vermehrt mit 3 ergibt den x-ten Teil von 60 vermindert um 2.
j) Ziehe ich von 91 das Dreifache einer Zahl ab, erhalte ich das Vierfache der Zahl vermehrt um 11.

③ **Schreibe Zahlenrätsel zu folgenden Gleichungen.**

a) $16 + x = 21 - x$
b) $2 \cdot x + 6 = 12 + x$
c) $18 - x = 2 \cdot x + 1$
d) $13{,}5 - x = 2 \cdot x$
e) $17 + x - 1 = x \cdot 2 - 3$
f) $x : 2 + 5 = 2 \cdot x - 1$
g) $21 : x + 3 = x \cdot 5$
h) $3 \cdot x - 3 = 3 \cdot x + 3$
i) $19 - x \cdot 2 = x \cdot 2 + 1$
j) $31 - x = 2 \cdot x - 6$
k) $8 \cdot x + 6 = x : 2 + 15$
l) $x \cdot 4 - 5 = 45 : x + 1$

④ **Der Opa ist fünfmal so alt wie sein Enkel. Seine Tochter ist 20 Jahre jünger. Wie alt sind Mutter und Opa, wenn der Enkel 10, 15 oder 20 Jahre alt ist?**

⑤ **Ein Zaun um eine rechteckige Gartenfläche soll 600 m lang werden. Dabei ist eine Seite doppelt so lang wie die andere. Wie lang sind die Seiten jeweils?**

Gleichungen umstellen (1)

$$5 + \square = 12$$

Diese Aufgabenform kennen wir. Welche Zahl müssen wir einsetzen, damit das Ergebnis von 5 + einer Zahl 12 ist? Wir haben bereits Variablen kennengelernt und können die Aufgabe auch so schreiben:

$$5 + \mathbf{x} = 12$$

So rechnet man im Kopf: Wie viel fehlt von der 5 bis zur 12? Oder anders: 12 – 5 → Wir kommen auf das Ergebnis 7. Mathematisch schreiben wir das so auf:

$$5 + \mathbf{x} = 12 \qquad | -5$$

Das bedeutet, ich muss auf beiden Seiten der Gleichung – 5 rechnen.
So sieht das dann aus:

$$\underline{5} + \mathbf{x} \underline{-5} = \underline{12-5}$$

Wir fassen zusammen:

$$\mathbf{x} = 7$$

Zu Plus ist die Gegenrechnung Minus. Wir können Gleichungen umstellen, in dem wir Plus als Gegenrechnung zu Minus und Minus als Gegenrechnung zu Plus geschickt einsetzen.

Schau dir die Aufgabe und die Zahlen genau an. Das x soll allein auf der einen Seite stehen, auf der anderen das Ergebnis.

$$x - 6 = 14$$

–6 und +6 ergibt 0, also müssen wir diesmal an den Seitenstrich + 6 schreiben.

$$x - 6 = 14 \qquad | +6$$
$$x \underline{-6+6} = \underline{14+6}$$

Wir fassen zusammen:

$$x = 20$$

1 Stelle die Gleichung geschickt um und rechne x aus.

a) $16 + x = 21$ **b)** $6 = 12 + x$

c) $18 = x + 1$ **d)** $x + 13 = 22$

2 Stelle die Gleichung geschickt um und rechne x aus.

a) $x - 16 = 21$ **b)** $6 = x - 12$

c) $18 = x - 1$ **d)** $x - 13 = 22$

3 Stelle die Gleichung geschickt um und rechne x aus.

a) $23 + x = 32$ **b)** $18 = 11 + x$

c) $13 = x - 6$ **d)** $x - 3 = 15$

Gleichungen umstellen (2)

$$6 \cdot \square = 12$$

Diese Aufgabenform kennen wir. Welche Zahl müssen wir einsetzen, damit das Ergebnis von 6 · einer Zahl 12 ist? Wir haben bereits Variablen kennengelernt und können die Aufgabe auch so schreiben:

$$6\mathbf{x} = 12 \quad \text{oder} \quad 6 \cdot \mathbf{x} = 12$$

Was rechnet man im Kopf? Wir rechnen 12 : 6 oder gehen die 6er-Reihe durch. Mathematisch schreiben wir das so auf:

$$6 \cdot \mathbf{x} = 12 \qquad | : 6$$

Das bedeutet, ich muss auf beiden Seiten der Gleichung : 6 rechnen. So sieht das dann aus:

$$\underline{6} \cdot \mathbf{x} \underline{: 6} = \underline{12 : 6}$$

Wir fassen zusammen:

$$\mathbf{x} = 2$$

Zu Geteilt ist die Gegenrechnung Mal. Wir können Gleichungen umstellen, in dem wir Mal als Gegenrechnung zu Geteilt und Geteilt als Gegenrechnung zu Mal geschickt einsetzen.

Schau dir die Aufgabe und die Zahlen genau an. Das x soll alleine auf der einen Seite stehen, auf der anderen das Ergebnis.

$$x : 7 = 14$$

7 : 7 ergibt 1, also müssen wir diesmal an den Seitenstrich · 7 schreiben.

$$x : 7 = 14 \qquad | \cdot 7$$
$$x \underline{: 7 \cdot 7} = \underline{14 \cdot 7}$$

Wir fassen zusammen:

$$x = 98$$

1 Stelle die Gleichung geschickt um und rechne x aus.

a) $16 \cdot x = 32$ **b)** $36 = 12 \cdot x$ **c)** $18 = x \cdot 2$

d) $x \cdot 13 = 26$ **e)** $17 \cdot x = -34$ **f)** $x \cdot 5 = 50$

2 Stelle die Gleichung geschickt um und rechne x aus.

a) $x : 16 = 2$ **b)** $6 = x : 12$ **c)** $18 = x : 3$

d) $x : 13 = 2$ **e)** $x : 17 = -3$ **f)** $x : 5 = 11$

3 Stelle die Gleichung geschickt um und rechne x aus.

a) $23 \cdot x = 46$ **b)** $55 = 11 \cdot x$ **c)** $13 = x : 6$

d) $x : 3 = 15$ **e)** $7 \cdot x = 49$ **f)** $x : 11 = 25$

Gleichungen umstellen (1)

$$5 + \square = 12$$

Diese Aufgabenformate kennen wir. Mit Variable schreiben wir so:

$$5 + \mathbf{x} = 12$$

So rechnet man: Wie viel fehlt von der 5 bis zur 12? Oder anders: 12 – 5.
Wir schreiben so:

$$5 + \mathbf{x} = 12 \qquad | -5$$

Das bedeutet, ich muss auf beiden Seiten der Gleichung – 5 rechnen. Also so:

$$\underline{5} + \mathbf{x} \underline{- 5} = \underline{12 - 5}$$

Wir fassen zusammen:

$$\mathbf{x} = 7$$

Wir können Gleichungen umstellen, in dem wir Plus als Gegenrechnung zu Minus und Minus als Gegenrechnung zu Plus geschickt einsetzen.

Schau dir die Aufgabe und die Zahlen genau an. Das x soll alleine auf der einen Seite stehen, auf der anderen das Ergebnis.

$$x - 6 = 14$$

–6 und +6 ergibt 0, also müssen wir diesmal an den Seitenstrich + 6 schreiben.

$$x - 6 = 14 \qquad | +6$$
$$x \underline{- 6 + 6} = \underline{14 + 6}$$

$$x = 20$$

① **Stelle die Gleichung geschickt um und rechne x aus.**

a) $16 + x = 21$
b) $x + 6 = 12$
c) $18 + x = 11$
d) $13{,}5 + x = 27{,}5$
e) $17 + x = 43$
f) $25 = x + 1$
g) $x + 3 = 5$
h) $x + 3 = -3$

② **Stelle die Gleichung geschickt um und rechne x aus.**

a) $-16 + x = 21$
b) $x - 6 = 12$
c) $x - 18 = 11$
d) $-13{,}5 + x = 27{,}5$
e) $-17 + x = 43$
f) $25 = x - 1$
g) $x - 3 = 5$
h) $x - 3 = -3$

③ **Stelle die Gleichung geschickt um und rechne x aus.**

a) $6 + x = 23$
b) $x - 13 = 11$
c) $-8 + x = 9$
d) $19 + x = 43$
e) $-49 + x = 43$
f) $63 = x - 37$
g) $x + 3 = 15$
h) $x - 13 = -26$
i) $-21 + x = 39$
j) $-11 + x = -9$

Gleichungen umstellen (2)

$$6 \cdot \square = 12$$

Diese Aufgabenformate kennen wir. Mit Variable schreiben wir so:

$$6\mathbf{x} = 12 \quad \text{oder} \quad 6 \cdot \mathbf{x} = 12$$

Was rechnet man? Wir rechnen 12 : 6 oder gehen die 6er-Reihe durch. Wir schreiben so:

$$6 \cdot \mathbf{x} = 12 \qquad | : 6$$

Das bedeutet, ich muss auf beiden Seiten der Gleichung : 6 rechnen. Also so:

$$\underline{6} \cdot \mathbf{x} \; \underline{: 6} = \underline{12 : 6}$$

Wir fassen zusammen:

$$\mathbf{x} = 2$$

Wir können Gleichungen umstellen, in dem wir Mal als Gegenrechnung zu Geteilt und Geteilt als Gegenrechnung zu Mal geschickt einsetzen.

Schau dir die Aufgabe und die Zahlen genau an. Das x soll alleine auf der einen Seite stehen, auf der anderen das Ergebnis.

$$x : 7 = 14$$

7 : 7 ergibt 1, also müssen wir diesmal an den Seitenstrich · 7 schreiben.

$$x : 7 = 14 \qquad | \cdot 7$$
$$x \; \underline{: 7 \cdot 7} = \underline{14 \cdot 7}$$

$$x = 98$$

① **Stelle die Gleichung geschickt um und rechne x aus.**

a) $16 \cdot x = 64$ **b)** $x \cdot 6 = 84$

c) $18 \cdot x = 72$ **d)** $13 \cdot x = 78$

e) $17 \cdot x = 85$ **f)** $55 = x \cdot 11$

② **Stelle die Gleichung geschickt um und rechne x aus.**

a) $x : 11 = 21$ **f)** $6 = x : 12$

b) $x : 18 = 11$ **g)** $-13{,}5 = x : 8$

c) $-17 = x : 43$ **h)** $25 = x : 7$

③ **Stelle die Gleichung geschickt um und rechne x aus.**

a) $x \cdot 11 = 121$ **f)** $13 = x : 7$

b) $x : 18 = 17$ **g)** $-96 = x \cdot 8$

c) $-169 = 13 \cdot x$ **h)** $35 = x : 19$

d) $15 = x : 5$ **i)** $x : 8 = -27$

Gleichungen mit einer Variablen lösen

Fasse zuerst zusammen und berechne dann x.

a) $19 + 13 - 6 - 5 - 7x + 3x = 125$

$21 - 4x = 125 \quad | -21$

$-4x = 104 \quad | : (-4)$

$\underline{\underline{x = -26}}$

b) $27x + 23 + 49 - 9x + 15 = 34$

c) $-16x + 23 + 5x - 17 + 12 + 3 = 45$

d) $-17 + 32x + 6 + 13 + 7 + 7x = 19$

e) $13 + 7x + 7 + 29 - 8 - 9x + 15 - 3x = -46$

f) $-12x + 36 - 7 + 35 - 17x + 5x - 16 = 45$

g) $19x - 3 + 27x - 8 + 14 - 27 + 19x - 13 = 3x$

h) $21 - 23x + 13x - 7x + 45 - 27 = -13$

Gleichungen mit einer Variablen lösen

Fasse zuerst zusammen und berechne dann x.

a) $-19 + 13x - 6 - 5 - 7x = 3x + 67$

b) $27x = -23 + 49 - 9x + 15$

c) $-16x + 23 = 5x - 17 + 12x + 3$

d) $-27 + 32x + 6x + 13 = 7 + 7x$

e) $13 + 7x + 7 + 29x - 8 = 9x + 15 - 3x$

f) $-12x + 36 - 7 = 35x - 17x + 5x - 16$

g) $19x - 23 + 13x - 8x + 45 = 27 + 19x - 13$

h) $19 - 23x = 13x - 7x + 45 - 27 + 1x + 19$

i) $19x - 23 + 13x = -8x + 45 - 27 + 19x - 13$

j) $19 - 23x + 12x - 8x + 44 = -27 + 1x - 13$

k) $19x - 23 + 13x - 8x + 45 = -27 + 19x - 13$

Gleichungen mit einer Klammer lösen

Fasse zuerst zusammen und berechne dann x.

a) $19 = 13x - (1 - 7x)$

$19 = 13x + (-1 + 7x)$

$19 = 13x - 1 + 7x$

$19 = 20x - 1 \quad | + 1$

$20 = x$

$\underline{\underline{x = 20}}$

b) $2 \cdot (27x - 19) = 16$

c) $-(16x + 18 + 5x) = 3$

d) $(18 + 33x) : 3 = 5x$

e) $13 + (7x + 7) = 9x$

f) $-(12x + 37 - 7) = -5x - 16$

g) $19x = 13x - 2 \cdot (22 + 19x)$

h) $9 - (3x + 5x) = 46 - 13$

Gleichungen mit einer Klammer lösen

Fasse zuerst zusammen und berechne dann x.

a) $3 \cdot (19 + 13x - 6) = -5 - 7x + 3x$

b) $27 \cdot (x - 23 + 49) = -9x + 15$

c) $-(16x + 23 + 5x) = -17 + 12x + 3$

d) $-17 + 32x = (6x + 13 + 7) : \frac{1}{4} + 7x$

e) $13 + 7x + 7 = 29x - 4 \cdot (8 - 9x + 15) - 3x$

f) $-(12x + 36 - 7 + 35x) = 17x + 2 \cdot (5x - 16)$

g) $19x - 23 + 13x = 8x + 45 - (27 + 19x - 13)$

h) $19 \cdot (3x + 13x - 7x + 45) = -27 + 1x - 13$

i) $19x - (23 + 13x) = -8\,x + 45 - 27 + 19x - 13$

j) $-4 \cdot (23x + 13 - 7x) = 45 - 27x - 13$

k) $(15x - 5 + 45) : 5 = -7 + 19x - 13 + 24$

Gleichungen mit mehreren Klammern lösen (1)

Fasse zuerst zusammen und berechne dann x.

a) $2 \cdot (19 - 3x) = 21x - (-7x + 3x)$
$38 - 6x = 21x - (-4x)$
$38 - 6x = 21x + (+4x)$
$38 - 6x = 21x + 4x$
$38 - 6x = 25x$
$38 = 19x$
$2 = x$
$x = 2$

b) $2 \cdot (27x + 49) = -(14 + 2x)$

c) $-(16x + 5x) = 3 \cdot (22 - 1)$

d) $(36 + 12x) : 3 = 6x - (23 + 7x)$

e) $19 - (7x + 29x) = (9x - 3x) : 3$

f) $-(12x + 36) + 2 \cdot (7 + 35x) = -8x$

g) $(-22 - 23x) = 13x + 2 \cdot (27 - 13)$

h) $2 \cdot (3x + 13x) - 7x = 53 - (27 - 13)$

Gleichungen mit mehreren Klammern lösen (2)

Fasse zuerst zusammen und berechne dann x.

a) $2 \cdot (19 - 3x) = 24x - (6 - 11x)$

$38 - 9x = 24x + (-6 + 11x)$

$38 - 9x = 24x - 6 + 11x$

$38 - 9x = 35x - 6$

$-44x = -44$

$x = 1$

b) $2 \cdot (27x + 48) - 7x = 2 \cdot (x + 3)$

c) $-(16x + 5x) + 72 = 3 \cdot (4x + 1x)$

d) $(36 + 12x) : 4 = 6x - (11 + 7)$

e) $14 - (7 + 29) = (9x - 3x) : 3$

f) $-(12 + 36) + 3 \cdot (7x + 3x) = 6x$

g) $19x - (23 - 23) = 2 \cdot (27 + 9x - 13)$

h) $2 \cdot (3x + 13x) = -(27 - 4x - 13)$

Gleichungen mit mehreren Klammern lösen (1)

Fasse zuerst zusammen und berechne dann x.

a) $(18 + 18x - 6) : 3 = -(5 - 7x + 3x)$

b) $(27x - 21 + 45) : 15 = (-9x + 15) : \frac{1}{3}$

c) $-(16x + 23) + 5 \cdot (9 - 5x) = -17 + (12x + 3)$

d) $-(17 - 32x) = (6x + 13 + 7) : \frac{1}{4} + 7x$

e) $13 + 9 \cdot (7x + 7) = 29x + 4 \cdot (8 - 9x + 15) - 3x$

f) $-(12x + 36 - 7) + 35x = 17x + \frac{1}{2} \cdot (5x - 16)$

g) $(9x - 18) : 9 + 13x = 8x + 45 - (27x - 12) \cdot \frac{1}{3}$

h) $9 \cdot (3x + 13x - 7x) + 45 = -(27 + 1x) - 13$

i) $19x - (23 + 13x) = -(8x + 45) - 13$

j) $-4 \cdot (23x + 13 - 7x) = (45 - 27x) : 3 - 13$

k) $(15x - 5 + 45) : 5 = -7 + (19x - 13 + 24) : \frac{1}{5}$

Gleichungen mit mehreren Klammern lösen (2)

Fasse zuerst zusammen und berechne dann x.

a) $(18 + 18x - 6) : 3 + 5x = -(5 - 7x + 11x)$

b) $(27x - 21 + 45) : 15 - 7x = (-9x + 15) : \frac{1}{3}$

c) $-(16x - 23) + 5 \cdot (9 - 5x) = (12x + 3) + 16x$

d) $-(17 + 32x) - 11x = (6x + 13 + 7) : \frac{1}{4} + 7x$

e) $13 + 9 \cdot (7x + 7) = 29x + 4 \cdot (8 - 9x + 15)$

f) $-(12x + 36 - 7) = 17x + \frac{1}{2} \cdot (5x - 16)$

g) $(9x - 18) : 9 + 13x = 8x + (27x - 12) \cdot \frac{1}{3}$

h) $9 \cdot (3x + 13x - 7x) + 45 = -(27 + 1x) - 13x$

i) $19x - (23 + 13x) = -8x + 45 - 13x$

j) $-4 \cdot (23x + 13 - 7x) = 45x - 27x - 13$

k) $(15x - 5 + 45) : 5 = -7 + 19x - 13 + 24x$

Gleichungen aufstellen und lösen

Beispiel
Dzenisa kauft 1 Brot für 2,30 € und 7 Brötchen. Sie bezahlt insgesamt 5,45 €. Was kostet ein Brötchen?

a) Stelle eine Gleichung auf.
b) Berechne, was ein Brötchen kostet.
c) Schreibe eine Antwort.

a) $1 \cdot 2{,}30\,€ + 7 \cdot x\,€ = 5{,}45\,€$
b) $1 \cdot 2{,}30\,€ + 7 \cdot x\,€ = 5{,}45\,€$
$2{,}30\,€ + 7 \cdot x = 5{,}45\,€ \quad | - 2{,}30\,€$
$7 \cdot x = 3{,}15\,€ \quad | : 7$
$x = 0{,}45\,€$
c) Ein Brötchen kostet 0,45 €.

1 **Herr Bauer fährt mit 26 Schülern ins Kino. Eine Kinokarte kostet 7,50 €. Die Busfahrt bezahlt er auch. Insgesamt bezahlt er 290 €.**

a) Stelle eine Gleichung auf.
b) Berechne, was die Busfahrt kostet.
c) Schreibe eine Antwort.

2 **Justin möchte sich eine Boombox für 399 € kaufen. Er spart jeden Monat 25 €. Seine Eltern geben ihm 100 € dazu.**

a) Stelle eine Gleichung auf.
b) Berechne, wie lange Justin für die Boombox sparen muss.
c) Schreibe eine Antwort.

Gleichungen aufstellen und lösen

① **Sejla kauft 1 Pullover zu 25 € und 5 Shirts. Sie bezahlt insgesamt 120 €. Was kostet ein Shirt?**

a) Stelle eine Gleichung auf.
b) Berechne, was ein Shirt kostet.
c) Schreibe eine Antwort.

② **Herr Franz fährt mit seiner Jugendmannschaft nach Mainz ins Stadion. Er bezahlt insgesamt 221 €. Er zahlt pro Person 5 € für die Fahrt und 8 € Eintritt.**

a) Stelle eine Gleichung auf.
b) Berechne, wie viele Jugendliche mit Herrn Franz mitfahren.
c) Schreibe eine Antwort.

③ **Hugo möchte sich ein Handy für 429 € kaufen. Er spart jeden Monat 15 €. Seine Eltern geben ihm 70 € dazu.**

a) Stelle eine Gleichung auf.
b) Berechne, wie lange Hugo für das Handy sparen muss.
c) Schreibe eine Antwort.

④ **Herr Fritz ist zwei Jahre älter als seine Frau, aber viermal so alt wie ihr Sohn. Zusammen sind sie 88 Jahre alt.**

a) Stelle eine Gleichung auf.
b) Berechne, wie alt Herr Fritz, seine Frau und ihr Sohn sind.
c) Schreibe eine Antwort.

Lernzielkontrolle

1 Fasse zuerst zusammen und berechne dann x.

a) $2 \cdot (8 - 2x) = 12x - (6 - 6x + 4x)$

b) $(28x + 48) : 2 - 5x = -(15 + 2x)$

c) $-(6x - 5x - 7) + 2x = 3 + (4x + 1 + 1x)$

d) $(8 + 4x) : 4 = 6x - (3 + 4 + 6x)$

2 Frau Lohr fährt mit 20 Schülern ins Kino. Eine Kinokarte kostet 6,50 €. Die Busfahrt bezahlt sie auch. Insgesamt bezahlt er 220 €. Wie viel kostet die Busfahrt?

3 Jan möchte sich eine Playstation für 329 € kaufen. Er spart jeden Monat 15 €. Seine Eltern geben ihm 120 € dazu. Wie lange muss Jan für die Playstation sparen?

Lernzielkontrolle

① **Fasse zuerst zusammen und berechne dann x.**

a) $3 \cdot (8 + 18x - 6) + 5x = -(5 - 7x + 11x)$

b) $(30x + 45) : 15 = (-3x + 1) : \frac{1}{3}$

c) $-(6x + 3) + 2 \cdot (9 - 5x) = (2x + 3) + 6x$

d) $-(7 + 2x) - 3x = (2x + 1 - 7) : \frac{1}{4} + 7x$

② **Tim möchte sich ein Tablett für 329 € kaufen. Er spart jeden Monat 20 €. Seine Eltern geben ihm 30 € dazu. Wie lange muss Tim für das Tablet sparen?**

③ **Herr Fritz ist zwei Jahre älter als sein Bruder, aber viermal so alt wie seine Tochter. Zusammen sind sie 61 Jahre alt. Wie alt sind die drei Personen?**

④ **Jillian kauft für eine Feier 15 Muffins und zwei Bleche Kuchen. Ein Blech Kuchen kostet 7,80 €. Insgesamt zahlt sie 33,60 €. Was kostet ein Muffin?**

Quadratische Gleichungen (1)

Gleichungen, die mindestens ein x^2 haben, nennt man quadratische Gleichungen.

$$x^2 + px + q = 0$$

Um sie lösen zu können, braucht man eine Formel (p-q-Formel).

$$x_{1/2} = -\frac{p}{2} \pm \sqrt{\left(\frac{p}{2}\right)^2 - q}$$

Wichtig ist, dass es meist zwei Lösungen gibt.
Beispiel: $2^2 = 2 \cdot 2 = 4$ und $(-2)^2 = (-2) \cdot (-2) = 4$.

Beispiel: $x^2 + 4x - 12 = 0$

$+4x \rightarrow p$, $-12 \rightarrow q$

Setzen wir in die Formel p = +4 und q = –10 ein, erhalten wir:

$x_{1/2} = -\frac{4}{2} \pm \sqrt{\left(\frac{4}{2}\right)^2 - (-12)}$

$x_{1/2} = -2 \pm \sqrt{(2)^2 + 12}$

$x_{1/2} = -2 \pm \sqrt{4 + 12}$

$x_{1/2} = -2 \pm \sqrt{16}$

$x_{1/2} = -2 \pm 4$

$x_1 = -2 + 4 = +2$ und $x_2 = -2 - 4 = -6$

a) Markiere p mit rot und q mit grün.

b) Rechne x_1 und x_2 aus.

$x^2 + 6x - 16 = 0$

$x_{1/2} = -\frac{6}{2} \pm \sqrt{\left(\frac{6}{2}\right)^2 - (-16)}$

$x_{1/2} = -3 \pm \sqrt{(3)^2 + 16}$

$x_{1/2} = -3 \pm \sqrt{9 + 16}$

$x_{1/2} = -3 \pm \sqrt{25}$

$x_{1/2} = -3 \pm 5$

$x_1 = -3 + 5 = +2$ und $x_2 = -3 - 5 = -8$

$x^2 + 4x - 5 = 0$

$x_{1/2} = -\frac{\square}{2} \pm \sqrt{\left(\frac{\square}{2}\right)^2 - (\square)}$

$x_{1/2} = -\square \pm \sqrt{(\square)^2 + \square}$

$x_{1/2} = -\square \pm \sqrt{\square + \square}$

$x_{1/2} = -\square \pm \sqrt{\square}$

$x_{1/2} = -\square \pm \square$

$x_1 = \square + \square = \square$ und

$x_2 = \square - \square = \square$

Quadratische Gleichungen (2)

Um mit der p-q-Formel zu arbeiten, brauchen wir immer die folgende Gleichungsform:

$$\mathbf{1}x^2 + px + q = \mathbf{0}$$

Steht vor dem x^2 keine 1 oder haben wir auf der rechten Gleichungshälfte keine 0 als Ergebnis, können wir die p-q-Formel nicht benutzen. Also müssen wir umformen:

$3x^3 + 9x - 12 = 12 \quad | -12$

$3x^3 + 9x - 12 \mathbf{- 12} = 12 \mathbf{- 12} \quad | -12$

$3x^2 + 9x - 24 = 0 \quad | : 3$

$(3x^2 + 9x - 24) \mathbf{: 3} = 0 \mathbf{: 3}$

$x^2 + 3x - 8 = 0$

Setzen wir in die Formel p = + 9 und q = –8 ein, erhalten wir:

$x_{1/2} = -\frac{3}{2} \pm \sqrt{\left(\frac{9}{2}\right)^2 - (-8)}$

$x_{1/2} = -1{,}5 \pm \sqrt{(1{,}5)^2 + 8}$

$x_{1/2} = -1{,}5 \pm \sqrt{2{,}25 + 8}$

$x_{1/2} = -1{,}5 \pm \sqrt{10{,}25}$

$x_{1/2} = -1{,}5 \pm 3{,}20$

$x_1 = -1{,}5 + 3{,}20 = +1{,}7016$ und

$x_2 = -1{,}5 - 3{,}20 = -4{,}7016$

Stelle erst um und berechne dann x.

$5x^2 + 40x - 26 = 19$

$5x^2 + 40x - 26 = 19 \quad | - \square$

$5x^2 + 40x - 26 \square = 19 \square$

$5x^2 + 40x - \square = 0 \quad | : \square$

$(5x^2 + 40x - \square) \square = 0 \square$

$x^2 + \square x - \square = 0$

$x_{1/2} = -\frac{\square}{2} \pm \sqrt{\left(\frac{\square}{2}\right)^2 - \square}$

$x_{1/2} = -\square \pm \sqrt{(\square)^2 + \square}$

$x_{1/2} = -\square \pm \sqrt{\square + \square}$

$x_{1/2} = -\square \pm \sqrt{\square}$

$x_{1/2} = -\square \pm \square$

$x_1 = \square + \square = \square$ und

$x_2 = \square - \square = \square$

$4x^2 + 20x = -9$

$4x^2 + 20x = -9 \quad | + \square$

$4x^2 + 20x \square = -9 \square$

$4x^2 + 20x + \square = 0 \quad | : \square$

$(4x^2 + 20x + \square) \square = 0 \square$

$x^2 + \square x + \square = 0$

$x_{1/2} = -\frac{\square}{2} \pm \sqrt{\left(\frac{\square}{2}\right)^2 - \square}$

$x_{1/2} = -\square \pm \sqrt{(\square)^2 + \square}$

$x_{1/2} = -\square \pm \sqrt{\square + \square}$

$x_{1/2} = -\square \pm \sqrt{\square}$

$x_{1/2} = -\square \pm \square$

$x_1 = \square + \square = \square$ und

$x_2 = \square - \square = \square$

Quadratische Gleichungen (1)

Gleichungen der Form $x^2 + px + q = 0$

berechnen wir mit der Formel: $x_{1/2} = -\frac{p}{2} \pm \sqrt{\left(\frac{p}{2}\right)^2 - q}$

Beispiel: $x^2 + 4x - 12 = 0$

Setzen wir in die Formel ein, erhalten wir:

$x_{1/2} = -\frac{4}{2} \pm \sqrt{\left(\frac{4}{2}\right)^2 - (-12)}$

$x_{1/2} = -2 \pm \sqrt{(2)^2 + 12}$

$x_{1/2} = -2 \pm \sqrt{4 + 12}$

$x_{1/2} = -2 \pm \sqrt{16}$

$x_{1/2} = -2 \pm 4$

$x_1 = -2 + 4 = +2$ und $x_2 = -2 - 4 = -6$

Wichtig! Achte auf beide Ergebnisse!

a) Markiere p mit rot und q mit grün.

b) Rechne x_1 und x_2 aus.

$x^2 + 2x - 3 = 0$

$x_{1/2} = -\frac{\square}{2} \pm \sqrt{\left(\frac{\square}{2}\right)^2 - (\square)}$

$x_{1/2} = -\square \pm \sqrt{(\square)^2 + \square}$

$x_{1/2} = -\square \pm \sqrt{\square + \square}$

$x_{1/2} = -\square \pm \sqrt{\square}$

$x_{1/2} = -\square \pm \square$

$x_1 = -\square + \square = +\square$;

$x_2 = -\square - \square = -\square$

$x^2 + 7x - 23{,}75 = 0$

$x_{1/2} = -\frac{\square}{2} \pm \sqrt{\left(\frac{\square}{2}\right)^2 - (\square)}$

$x_{1/2} = -\square \pm \sqrt{(\square)^2 + \square}$

$x_{1/2} = -\square \pm \sqrt{\square + \square}$

$x_{1/2} = -\square \pm \sqrt{\square}$

$x_{1/2} = -\square \pm \square$

$x_1 = -\square + \square = +\square$;

$x_2 = -\square - \square = -\square$

$x^2 - 2x + 1 = 0$

$x_{1/2}$ = ______________________

$x_{1/2}$ = ______________________

$x_{1/2}$ = ______________________

$x_{1/2}$ = ______________________

$x_{1/2}$ = ______________________

x_1 = ______________________;

x_2 = ______________________

$x^2 - 18x + 17 = 0$

$x_{1/2}$ = ______________________

$x_{1/2}$ = ______________________

$x_{1/2}$ = ______________________

$x_{1/2}$ = ______________________

$x_{1/2}$ = ______________________

x_1 = ______________________;

x_2 = ______________________

Quadratische Gleichungen (2)

Wir brauchen immer die Form $\mathbf{1}x^2 + px + q = \mathbf{0}$ um mit der p-q-Formel zu arbeiten.

Manchmal müssen wir erst umformen:

$3x^3 + 9x - 12$	$= 12$	$\vert -12$
$3x^3 + 9x - 12 \mathbf{-12}$	$= 12 \mathbf{- 12}$	$\vert -12$
$3x^2 + 9\,x - 24$	$= 0$	$\vert : 3$
$(3x^2 + 9\,x - 24) \mathbf{: 3}$	$= 0 \mathbf{: 3}$	
$x^2 + 3x \text{ -}8$	$= 0$	

Jetzt können wir in die p-q-Formel einsetzen:

$x_{1/2} = -\frac{3}{2} \pm \sqrt{\left(\frac{9}{2}\right)^2 - (-8)}$ $\qquad x_{1/2} = -1{,}5 \pm \sqrt{10{,}25}$

$x_{1/2} = -1{,}5 \pm \sqrt{(1{,}5)^2 + 8}$ $\qquad x_{1/2} = -1{,}5 \pm 3{,}20$

$x_{1/2} = -1{,}5 \pm \sqrt{2{,}25 + 8}$ $\qquad x_1 = -1{,}5 + 3{,}20 = +1{,}7016$ und $x_2 = -1{,}5 - 3{,}20 = -4{,}7016$

① **Stelle erst um und berechne dann x.**

$2x^2 + 40x - 60 = 28$	$3x^2 + 40x = -69$
$2x^2 + 40x - 60 = 28 \qquad \vert - \square$	$3x^2 + 40x = -69 \qquad \vert + \square$
$2x^2 + 40x - 60 \; \square = 28 \; \square$	$\square = \square$
$2x^2 + 40x - \square = 0 \qquad \vert : \square$	$\square = \square \qquad \vert : \square$
$\left(2x^2 + 40x - \square\right) \square = 0 \; \square$	$\square = \square$
$x^2 + \square x - \square = 0$	$\square = \square$

$x_{1/2}$ = ______________	$x_{1/2}$ = ______________
$x_{1/2}$ = ______________	$x_{1/2}$ = ______________
$x_{1/2}$ = ______________	$x_{1/2}$ = ______________
$x_{1/2}$ = ______________	$x_{1/2}$ = ______________
$x_{1/2}$ = ______________	$x_{1/2}$ = ______________
x_1 = ______________;	x_1 = ______________;
x_2 = ______________	x_2 = ______________

② **Stelle erst um und berechne dann x.**

a) $-2x^2 + 40x + 23 = -19$

b) $3x^2 + 18x = 21$

c) $-4x^2 + 40x + 53 = 9$

d) $5x^2 + 20x - 9 = 15$

e) $7x^2 + 84x = 91$

f) $8x^2 + 152x + 4 = -70$

g) $27x^2 + 162x + 150 = 15$

h) $-12x^2 - 12x + 48 = -24$

Bruchgleichungen

1. Für Bruchgleichungen müssen wir uns erinnern, dass der Bruchstrich auch als Geteiltzeichen darstellt werden kann.
2. Steht ein x im Nenner, darf x niemals 0 sein. Eine Division durch 0 ist nicht zulässig.

Beispiel:

$$\begin{aligned} \frac{8+1}{3x} + 1 &= 7 \\ (8 + 1) : 3x + 1 &= 7 \\ 9 : 3x + 1 &= 7 && |-1 \\ 9 : 3x &= 6 && |\cdot 3x \\ 9 &= 18x && |:18 \\ 0{,}5 &= x \\ x &= 0{,}5 \end{aligned}$$

Berechne x.

a) $\frac{90}{5x} - 3 = 6$

b) $\frac{28}{7x} - 3 = 1$

c) $\frac{81}{3x} + 7 = 16$

d) $\frac{112}{8x} + 19 = 21$

e) $\frac{13}{2x} + 8 = 9$

f) $\frac{54}{9x} - 1 = 1$

Bruchgleichungen

Beachte: 1. Der Bruchstrich bedeutet geteilt.
2. Eine Division durch 0 ist nicht erlaubt.

Beispiel: $\frac{8+1}{3x} + 1 = 7$

$(8 + 1) : 3x + 1 = 7$
$9 : 3x + 1 = 7 \quad | -1$
$9 : 3x = 6 \quad | \cdot 3x$
$9 = 18x \quad | : 18$
$0{,}5 = x$
$x = 0{,}5$

Berechne x.

a) $\frac{135}{5x} - 3 = 15$

b) $\frac{21}{7x} + 3 = 7$

c) $\frac{81}{12x} + 7 = 16$

d) $\frac{112}{8x} - 19 = 21$

e) $\frac{10}{13x} + 8 = 9$

f) $\frac{7}{21x} - 1 = 1$

Gleichungen mit Potenzen

Eine Potenz gibt an, wie oft die Zahl mit sich selber multipliziert werden soll.

$x^2 = \underbrace{x \cdot x}_{\text{2-mal Faktor x}}$ $\quad x^3 = \underbrace{x \cdot x \cdot x}_{\text{3-mal Faktor x}}$ $\quad x^4 = \underbrace{x \cdot x \cdot x \cdot x}_{\text{4-mal Faktor x}}$

❶ Rechne die Potenz aus.
Schreibe so:

$8^2 = 8 \cdot 8 = 64$ $\quad 7^3 = 7 \cdot 7 \cdot 7 = 343$ $\quad 4^4 = 4 \cdot 4 \cdot 4 \cdot 4 = 256$

$11^2 =$ ______ $\quad 3^3 =$ ______ $\quad 2^7 =$ ______

Eine Potenz löse ich auf, in dem ich die entsprechende Potenzwurzel ziehe.

Beispiele: x^2 Gegenrechnung $\sqrt[2]{x}$ $\quad x^3$ Gegenrechnung $\sqrt[3]{x}$

x^4 Gegenrechnung $\sqrt[4]{x}$ $\quad x^5$ Gegenrechnung $\sqrt[5]{x}$

❷ Ziehe die Wurzel aus den Lösungen aus Aufgabe ❶.
Schreibe so:

$x^2 = 81$

$x = \sqrt[2]{81}$

$x = 9$

❸ Berechne x.

a) $x^2 - 13 = 36$ $\quad$ **b)** $x^3 + 20 = 145$

c) $x^3 - 64 = 0$ $\quad$ **d)** $x^4 - 4 = 12$

Gleichungen mit Potenzen

Eine Potenz gibt an, wie oft die Zahl mit sich selbst multipliziert werden soll.

$x^2 = x \cdot x$ $x^3 = x \cdot x \cdot x$ $x^4 = x \cdot x \cdot x \cdot x$

① **Rechne die Potenz aus.**

$12^2 =$ ______ $9^3 =$ ______ $19^2 =$ ______

$8^3 =$ ______ $10^7 =$ ______ $6^4 =$ ______

Beachte! x^2 Gegenrechnung $\sqrt[2]{x}$ x^3 Gegenrechnung $\sqrt[3]{x}$

x^4 Gegenrechnung $\sqrt[4]{x}$ x^5 Gegenrechnung $\sqrt[5]{x}$

② **Ziehe die Wurzel aus den Lösungen aus Aufgabe ①.**
Schreibe so:

$x^2 = 81$

$x = \sqrt[2]{81}$

$x = 9$

③ **Berechne x.**

a) $x^2 - 13 = 156$ **b)** $x^3 - 28 = 1\,700$

c) $x^3 - 744 = 2\,000$ **d)** $x^4 - 256 = 0$

e) $x^4 + 4 = 85$ **f)** $x^5 - 25 = 3\,100$

❶ Stelle erst um und berechne dann x.

$3x^2 + 36x = 84$

$3x^2 + 36x = 84 \quad | - \square$

$3x^2 + 36x \, \square = 84 \, \square$

$3x^2 + 36x - \square = 0 \quad | : \square$

$\left(3x^2 + 36x - \square\right) \square = 0 \, \square$

$x^2 + \square x - \square = 0$

$x_{1/2} = -\frac{\square}{2} \pm \sqrt{\left(\frac{\square}{2}\right)^2 - \square}$

$x_{1/2} = -\square \pm \sqrt{\left(\square\right)^2 + \square}$

$x_{1/2} = -\square \pm \sqrt{\square + \square}$

$x_{1/2} = -\square \pm \sqrt{\square}$

$x_{1/2} = -\square \pm \square$

$x_1 = \square + \square = \square$ und

$x_2 = \square - \square = \square$

$5x^2 - 20x - 9 = 16$

$5x^2 - 20x - 9 = 16 \quad | - \square$

$5x^2 + 20x - 9 \, \square = 16 \, \square$

$5x^2 + 20x + \square = 0 \quad | : \square$

$\left(5x^2 + 20x + \square\right) \square = 0 \, \square$

$x^2 - \square x + \square = 0$

$x_{1/2}$ = ____________________

$x_{1/2}$ = ____________________

$x_{1/2}$ = ____________________

$x_{1/2}$ = ____________________

$x_{1/2}$ = ____________________

x_1 = ____________________ und

x_2 = ____________________

❷ Berechne x.

a) $\frac{9}{4x} - 3 = 6$

b) $\frac{35}{7x} + 3 = 1$

❸ Berechne x.

a) $x^2 + 10 = 26$

b) $x^3 - 20 = 44$

Vermischte Übungen

① **Stelle erst um und berechne dann x.**

$5x^2 + 25x = 13{,}75$ | $6x^2 - 72x - 9 = -75$
$5x^2 + 25x = 13{,}75 \quad | - \square$ | $6x^2 - 72x - 9 = -75 \quad | + \square$
$5x^2 + 25x \square = 13{,}75 \square$ | $\square = \square$
$5x^2 + 25x - \square = 0 \quad | : \square$ | $\square = \square \quad | : \square$
$(5x^2 + 25x \square) \square = 0 \square$ | $\square = \square$
$x^2 + \square x - \square = 0$ | $\square = \square$

$x_{1/2}$ = ____________ | $x_{1/2}$ = ____________
$x_{1/2}$ = ____________ | $x_{1/2}$ = ____________
$x_{1/2}$ = ____________ | $x_{1/2}$ = ____________
$x_{1/2}$ = ____________ | $x_{1/2}$ = ____________
$x_{1/2}$ = ____________ | $x_{1/2}$ = ____________
x_1 = ____________ ; | x_1 = ____________ ;
x_2 = ____________ | x_2 = ____________

② **Stelle erst um und berechne dann x.**

a) $x^2 + 40x + 23 = -19$

b) $2x^2 + 18x = 14$

③ **Berechne x.**

a) $\frac{35}{5x} - 12 = 15$

b) $\frac{2}{7x} + 13 = 7$

c) $\frac{8}{9x} + 7 = 17$

d) $\frac{11}{8x} - 19 = -21$

e) $\frac{81}{2x} + 7 = -31$

f) $\frac{39}{8x} + 23 = 54$

④ **Berechne x.**

a) $x^2 + 13 = 156$

b) $x^2 + 28 = 1\,700$

c) $x^3 + 744 = 2\,000$

d) $x^2 - 240 = 0$

e) $x^3 - 4 = 85$

f) $x^2 + 25 = 3\,100$

❶ Stelle erst um und berechne dann x.

$2x^2 + 12x - 26 = 6$

$2x^2 + 12x - 26 = 6 \quad | \square$

$2x^2 + 12x \square = 6 \square$

$2x^2 + 12x - \square = 0 \quad | \square$

$(2x^2 + 12x - \square) \square = 0 \square$

$x^2 + \square x - \square = 0$

$x_{1/2} =$ ______

$x_{1/2} =$ ______

$x_{1/2} =$ ______

$x_{1/2} =$ ______

$x_{1/2} =$ ______

$x_1 =$ ______ und

$x_2 =$ ______

$3x^2 - 12x = -9$

$3x^2 - 12x = -9 \quad | \square$

$3x^2 - 12x \square = -9 \square$

$3x^2 - 12x + \square = 0 \quad | \square$

$(3x^2 - 12x + \square) \square = 0 \square$

$x^2 - 4x + \square = 0$

$x_{1/2} =$ ______

$x_{1/2} =$ ______

$x_{1/2} =$ ______

$x_{1/2} =$ ______

$x_{1/2} =$ ______

$x_1 =$ ______ und

$x_2 =$ ______

❷ Berechne x.

a) $\frac{55}{5x} - 3 = 6$

b) $\frac{34}{7x} + 3 = 1$

❸ Berechne x.

a) $x^2 + 13 = 62$

b) $x^3 - 20 = 5$

Lernzielkontrolle

① **Stelle erst um und berechne dann x.**

a) $2x^2 + 10x + 23 = 17$

b) $-3x^2 + 18x = 12$

c) $-4x^2 + 12x + 1 = 9$

d) $5x^2 + 35x - 9 = 16$

② **Berechne x.**

a) $\frac{13}{3x} - 3 = 15$

b) $\frac{2}{7x} + 3 = 7$

c) $\frac{81}{7x} + 7 = 16$

d) $\frac{15}{2x} - 19 = 21$

③ **Berechne x.**

a) $x^2 - 22 = 99$

b) $x^3 - 28 = 17$

c) $x^3 + 744 = 1000$

d) $x^3 - 256 = 44$

Gleichsetzungsverfahren (1)

Hat man zwei Gleichungen mit zwei Variablen kann man beide Variablen berechnen.
Beim Gleichsetzungsverfahren müssen beide Gleichungen auf einer Seite vom Gleichheitszeichen identisch sein.

Beispiel: Gleichung 1 → $\mathbf{y} = 2x + 3$
Gleichung 2 → $\mathbf{y} = 3x + 5$

Bei beiden Gleichungen haben wir auf einer Seite jeweils nur das y.
Wir können sie gleichsetzen.

$$2x + 3 = 3x + 5$$

Nun können wir wie gewohnt rechnen.

$$\begin{aligned} 2x + 3 &= 3x + 5 && |-3 \\ 2x + 3 - 3 &= 3x + 5 - 3 \\ 2x &= 3x + 2 && |-3x \\ 2x - 3x &= 3x + 2 - 3x \\ -1x &= 2 && |:(-1) \\ -1x : (-1) &= 2 : (-1) \\ x &= -2 \end{aligned}$$

Das x setzen wir nun entweder in Gleichung 1 oder 2 ein und berechnen y.

$$\begin{aligned} y &= 2 \cdot (-2) + 3 \\ y &= -1 \end{aligned}$$

Die Lösung unseres Gleichungssystems heißt $L = \{(-2; -1)\}$

Berechne x und y.

a) I $y = 5x - 3$
II $y = 9 - 2x$

$$\begin{aligned} 5x - 3 &= 9 - 2x && |+\square \\ 5x - 3\ \square &= 9 - 2x\ \square \\ -3 + 7x\ \square &= 9\ \square && |+\square \\ -3 + 7x\ \square &= 9\ \square \\ +7x &= 12 && |:\square \\ x &= \square,\square \end{aligned}$$

$$\begin{aligned} y &= 9 - 2 \cdot \square,\square \\ y &= 9 - 3{,}42 \\ y &= \square,\square \end{aligned} \qquad L = \{(1,\square; 5,\square)\}$$

b) I $y = 9x + 53$
II $y = 10 - 4x$

c) I $y = 6x + 7$
II $y = 5 + 2x$

d) I $y = 15 + 2x$
II $y = 3x - 6$

Gleichsetzungsverfahren (2)

Setzen wir die Lösung eines Gleichungssystems in beide Gleichungen ein, so erhalten wir bei beiden Gleichungen eine wahre Aussage. Das nennen wir die Probe.

Beispiel: Gleichung 1 → $\mathbf{y} = 2x + 3$
Gleichung 2 → $\mathbf{y} = 3x + 5$
$L = \{(-2; -1)\}$

Gleichung 1 → $\mathbf{-1} = 2 \cdot (-2) + 3$
$-1 = -1$
Gleichung 2 → $\mathbf{-1} = 3 \cdot (-2) + 5$
$-1 = -1$

Berechne x und y. Mache anschließend die Probe.

a) I $y = 4x - 2$
II $y = 3 - 6x$

$4x - 2 = \square - \square \quad | \square$
$4x - 2 + \square = 3 - 6x \square$
$-2 + \square x = 3 \quad | \square$
$\square x = \square \quad | : \square$
$x = 0,\square$

$y = 4 \cdot 0,\square - 2$
$y = \square \quad L = \{(0,\square; \square)\}$

Probe:
I $\square = 4 \cdot 0,\square - 2$
$\square = \square$
II $\square = 3 - 6 \cdot 0,\square$
$\square \quad \square$

b) I $y = 3 - 7x$
II $y = 9x + 23$

c) I $y = 13 + 8x$
II $y = 14x - 53$

Gleichsetzungsverfahren (1)

Zwei Gleichungen mit zwei Variablen kann man mit dem Gleichsetzungsverfahren lösen.

Beispiel: Gleichung 1 → **y** = 2x + 3
Gleichung 2 → **y** = 3x + 5

Bei beiden Gleichungen haben wir auf einer Seite jeweils nur das y. Wir können sie gleichsetzen und dann wie gewohnt rechnen.

$$
\begin{aligned}
2x + 3 &= 3x + 5 \\
2x + 3 &= 3x + 5 && | -3 \\
2x + 3 - 3 &= 3x + 5 - 3 \\
2x &= 3x + 2 && | -3x \\
2x - 3x &= 3x + 2 - 3x \\
-1x &= 2 && | : (-1) \\
-1x : (-1) &= 2 : (-1) \\
x &= -2
\end{aligned}
$$

Das x setzen wir nun entweder in Gleichung 1 oder 2 ein und berechnen y.

$$
\begin{aligned}
y &= 2 \cdot (-2) + 3 \\
y &= -1
\end{aligned}
$$

Die Lösung unseres Gleichungssystems heißt $L = \{(-2; -1)\}$

Berechne x und y.

a) I $y = x + 3$
II $y = -2 - 4x$

b) I $y + 7 = 3x$
II $y = 5 + x$

c) I $y - 9 = 7x$
II $y = 12 - 2x$

d) I $2y = 8x + 4$
II $y = 11 + x$

e) I $y = 43 - 6x$
II $y = 9x - 62$

f) I $0 = -y + 13x - 96$
II $0 = 12x - 83 - y$

Gleichsetzungsverfahren (2)

Setzen wir die Lösung eines Gleichungssystems in beide Gleichungen ein, so erhalten wir bei beiden Gleichungen eine wahre Aussage. Das nennen wir die Probe.

Beispiel: Gleichung 1 → $\mathbf{y} = 2x + 3$
Gleichung 2 → $\mathbf{y} = 3x + 5$
$L = \{(-2; -1)\}$

Gleichung 1 → $\mathbf{-1} = 2 \cdot (-2) + 3$
$-1 = -1$
Gleichung 2 → $\mathbf{-1} = 3 \cdot (-2) + 5$
$-1 = -1$

Berechne x und y. Mache anschließend die Probe.

a) I $0 = 4x + 19 - y$
II $2x = 13 + y$

b) I $0 = -7x + 1 - y$
II $5x = 95 + y$

c) I $-y = 6x + 11 - 2y$
II $0 = 41 - 9x - y$

Einsetzungsverfahren (1)

Zwei Gleichungen mit zwei Variablen kann man mit dem Einsetzungsverfahren lösen. Dabei muss bei einer Gleichung nur eine Variable auf einer Seite sein.

Beispiel: Gleichung 1 → $3x + y = 2x + 3$
Gleichung 2 → $9 + y = 3x + 5$

Es ist egal, welche Gleichung wir zum Umformen nehmen, weil es mathematisch keinen Unterschied macht.

$$3x + y = 2x + 3 \quad | -3x$$
$$3x + y - 3x = 2x + 3 - 3x$$
$$y = -1x + 3$$

Dieses y können wir nun in die andere Gleichung einsetzen.

$$9 + y = 3x + 5$$
$$y = \mathbf{-1x + 3}$$

$$9 + (-1x + 3) = 3x + 5$$
$$12 - 1x = 3x + 5 \quad | -3x$$
$$12 - 1x - 3x = 3x + 5 - 3x$$
$$12 - 4x = 5 \quad | -12$$
$$-4x = -7 \quad | :(-4)$$
$$x = 1{,}75$$

$$y = -1 \cdot (1{,}75) + 3$$
$$y = -1{,}75 + 3$$
$$y = 1{,}25$$

Die Lösung unseres Gleichungssystems heißt $L = \{(1{,}75;\ 1{,}25)\}$

Berechne x und y.

a) I $3x + 9 = 2x + y$
II $5 - 6x = y - 32$

I
$$3x + 9 = 2x + y \quad | - \square$$
$$3x + 9 - \square = 2x + y - \square$$
$$9 + \square = y$$

II
$$5 - 6x = (\square + \square) - 32$$
$$5 - 6x = 9 + 1x - 32$$
$$5 - 6x = 1x - \square \quad | \square$$
$$5 - 6x \,\square = 1x - 23 - 5$$
$$-6x = 1x - \square \quad | \square$$
$$-6x - 1x = 1x - \square - 1x$$
$$-7x = -28 \quad | :(\square)$$
$$x = \square$$

$$9 + 1x = y$$
$$9 + 1 \cdot \square = y$$
$$9 + \square = y$$
$$\square = y$$
$$L = \{(4;\ 13)\}$$

b) I $1x + 9 = 2x + y$
II $8x = y - 36$

Einsetzungsverfahren (2)

So machst du die Probe und erkennst, ob du richtig gerechnet hast:
Für das Gleichungssystem

Gleichung 1 → **3x + y = 2x + 3**
Gleichung 2 → **9 + y = 3x + 5**

hatten wir die Lösung **L = {(1,75; 1,25)}** berechnet.

1. Setze in die beiden Gleichungen x = 1,75 und y = 1,25 ein.
   $3 \cdot 1{,}75 + 1{,}25 = 2 \cdot 1{,}75 + 3$ $\qquad$ $9 + 1{,}25 = 3 \cdot 1{,}75 + 5$
2. Rechne aus und vergleiche.
   $5{,}25 + 1{,}25 = 3{,}5 + 3$ $\qquad$ $10{,}25 = 5{,}25 + 5$
   $6{,}5 = 6{,}5$ $\qquad$ $10{,}25 = 10{,}25$

Da beide Gleichungen auf beiden Seiten das gleiche Ergebnis haben, wurde die Aufgabe richtig gelöst.

Berechne x und y. Mache anschließend die Probe.

a) I $4x + 15 = 2x + y$ $\qquad$ L = {(3; 21)}
II $9x = y + 6$

Probe:

I $4 \cdot \mathbf{3} + 15 = 2 \cdot \mathbf{3} - \mathbf{21}$
$12 + 15 = 6 + 21$
$27 = 27$

II $9 \cdot \mathbf{3} = \mathbf{21} + 6$
$27 = 27$

b) I $4x + 3y = 2x - 6$ $\qquad$ L = {(5,7; –5,8)}
II $3x + y = 17 - x$

c) I $y + 3x = 26$ $\qquad$ L = {(2,2; 19,4)}
II $7x + 1 = y - 3$

Einsetzungsverfahren (1)

Mit dem Einsetzungsverfahren kann man Gleichungssysteme lösen.

Beispiel: Gleichung 1 → $3x + y = 2x + 3$
Gleichung 2 → $9 + y = 3x + 5$

Wie beginnen mit einer beliebigen Gleichung.

$3x + y = 2x + 3 \quad | -3x$
$3x + y - 3x = 2x + 3 - 3x$
$y = -1x + 3$

Dieses y können wir nun in die andere Gleichung einsetzen.

$9 + y = 3x + 5$

$y = \mathbf{-1x + 3}$

$9 + (-1x + 3) = 3x + 5$
$12 - 1x = 3x + 5 \quad | -3x$
$12 - 1x - 3x = 3x + 5 - 3x$
$12 - 4x - 5 \quad | -12$
$-4x = -7 \quad | :(-4)$
$x = 1{,}75$

$y = -1 \cdot (1{,}75) + 3$
$y = 1{,}25$

Die Lösung unseres Gleichungssystems heißt $L = \{(1{,}75; 1{,}25)\}$

Berechne x und y.

a) I $5x - 39 = 3x + y$
II $19x = y + 56$

b) I $13 - y = 3x$
II $y + 5 = 2x - 7$

Einsetzungsverfahren (2)

Berechne x und y. Mache anschließend die Probe.

a) I $4x - 15 = 2x + y$
II $9x = y - 6$

b) I $4x - 3y = 2x - 6$
II $3x - y = 14 - x$

c) I $y - 3x = 26$
II $7x - 1 = y - 3$

d) I $13x + y = 19 + x$
II $x - y = 7$

Additionsverfahren (1)

Zunächst müssen bei beiden Gleichungen beide Variablen auf der gleichen Seite stehen.

$2x = 1y + 7$
$4x + 3y = 9$

$2x = 1y + 7 \quad | -1y$
$4x + 3y = 9$

$2x - 1y = 7$ Schreibe die Gleichungen so, dass x unter x, y unter y und
$4x + 3y = 9$ Ergebnis unter Ergebnis steht.

Nun wollen wir aus zwei Gleichungen eine machen. Wir überlegen, welche Gleichung man durch Umformen so verändern kann, dass durch Addition eine Variable verschwindet.

$2x - 1y = 7 \quad | \cdot (-2) \quad \rightarrow \quad (-2) \cdot (2x - 1y) = -4x + 2y;\ 7 \cdot (-2) = -14$
$4x + 3\,y = 9$

$-4x + 2y = -14$
$4x + 3\,y = 9$ An der Stelle addieren wir die Gleichungen miteinander.

$0x + 5y = -5$

$5y = -5 \quad | : 5$
$y = -1$

Das ausgerechnete y setzen wir jetzt in eine der beiden ursprünglichen Gleichungen ein und berechnen x.

$2x = 1y + 7$
$2x = 1 \cdot (-1) + 7$
$2x = -1 + 7$
$2x = 6 \quad | : 2$
$x = 3$

Die Lösung unseres Gleichungssystems heißt $L = \{(3; -1)\}$

Forme jeweils eine Gleichung so um, dass eine Variable bei Addition der Gleichung verschwindet.

a) I $x = 2y + 7$
II $4x + y = 9$

I			x	=	2y	+	7	| − 2y
II	4x	+	y	=	9			
I	x	−	2y	=	7			| · (− 4)
II	4x	+	y	=	9			
I	−	4x	+	8y	=	−	28	
II	4x	+	y	=	9			

I	−	4x	+	8y	=	−	28
II		4x	+	y	=	9	
I	+	II		9y	=	−	19

b) I $2x = 3y + 4$
II $x + 2y = 5$

Additionsverfahren (2)

Berechne x und y.

a) I y – 8 = x
II 9 = 3x – 2y

I y – 8 = x | – ___
y – x – 8 = 0 | + ___
– x + y = 8
II 9 = 3x – 2y
___ – ___ = 9

I – x + y = 8 | · ___
II 3 x – 2 y = 9

I – ___ x + ___ y = ___
II 3 x – 2 y = 9
___ x = ___
x = ___

y in I y – 8 = ___ | + ___
y = ___ + 8
y = ___

L = {(___ ; ___)}

b) I y + 6 = x
II 12 + 4x = 2y

c) I y = 9 – 6x
II 24 = 2x – 2y

Additionsverfahren (3)

Berechne x und y. Mache anschließend die Probe.

a) I $2y = 8 + 4x$
II $24 - y = 2x$

b) I $y + 16 = x$
II $4 - 4x = 2y$

c) I $y + 3 = -x$
II $y + 2x = 1$

Additionsverfahren (1)

Zunächst müssen bei beiden Gleichungen beide Variablen auf der gleichen Seite stehen.

$2x = 1y + 7$ | $-1y$
$4x + 3y = 9$

$2x - 1y = 7$
$4x + 3y = 9$

Schreibe die Gleichungen so, dass x unter x, y unter y und Ergebnis unter Ergebnis steht.

Wir formen eine Gleichung so um, dass durch Addition eine Variable verschwindet.

$2x - 1y = +7$ | $\cdot (-2)$
$4x + 3\,y = 9$

$-4x + 2y = -14$
$4x + 3\,y = 9$

An der Stelle addieren wir die Gleichungen miteinander.

$5y = -5$ | $: 5$
$y = -1$

Nun setzen wir in eine der Ausgangsgleichungen ein.

$2x = 1y + 7$
$2x = 1 \cdot (-1) + 7$
$2x = 6$ | $: 2$
$x = 3$

Die Lösung unseres Gleichungssystems heißt $L = \{(3; -1)\}$

Forme jeweils eine Gleichung so um, dass eine Variable bei Addition der Gleichung verschwindet.

a) I $6x = 7y - 4$
II $x + 2\,y = 5$

b) I $6y - 7 = 3x$
II $19 = 5x - 2y$

c) I $y - 8 = x$
II $9 = 3x - 2y$

Additionsverfahren (2)

Berechne x und y.

a) I $y = 18 + 5x$
II $24 - 2y = 2x$

b) I $3y + 16 = x$
II $10 + 4x = 2y$

c) I $y + 13 = -7x$
II $y + 9x = 11$

Additionsverfahren (3)

Berechne x und y. Mache anschließend die Probe.

a) I $12y = 16 + 4x$
II $24 + y = 2x$

b) I $-2y - 17 = x$
II $3 - 3x = 2y$

c) I $5y + 87 = x$
II $y + 9x = 1$

Vermischte Übungen (1)

❶ **Berechne mit dem Gleichsetzungsverfahren. Mache die Probe.**

I $y = 2x + 9$
II $y = 7x - 6$

❷ **Berechne mit dem Einsetzungsverfahren. Mache die Probe.**

I $6x = 2y + 8$
II $y = 7x - 6$

❸ **Berechne mit dem Additionsverfahren. Mache die Probe.**

I $5x - 2y = -3$
II $-7x + y = 6$

Vermischte Übungen (2)

Berechne folgende Aufgabe jeweils mit dem Gleichsetzungs-, Einsetzungs- und Additionsverfahren.

I $6y + 77 = x$
II $2y + 1x = 1$

a) Gleichsetzungsverfahren

b) Einsetzungsverfahren

c) Additionsverfahren

Vermischte Übungen (1)

① **Berechne mit dem Gleichsetzungsverfahren. Mache die Probe.**

I $y = 4x - 9$
II $y = 3x - 16$

② **Berechne mit dem Einsetzungsverfahren. Mache die Probe.**

I $7x = 3y + 7$
II $y = 2x - 6$

③ **Berechne mit dem Additionsverfahren. Mache die Probe.**

I $0 = 2y + 3x - 12$
II $4y = 6x + 6$

Vermischte Übungen (2)

Berechne folgende Aufgabe jeweils mit dem Gleichsetzungs-, Einsetzungs- und Additionsverfahren.

I $3y + 11 = 5x$
II $y + 8x = 6$

I $4y + 11 = x$
II $14y + 9x = -1$

a) Gleichsetzungsverfahren

c) Einsetzungsverfahren

d) Additionsverfahren

Lernzielkontrolle

❶ **Berechne mit dem Gleichsetzungsverfahren. Mache die Probe.**

I $y = 8x - 18$
II $0 = 6x - 32 - y$

❷ **Berechne mit dem Einsetzungsverfahren. Mache die Probe.**

I $14x = 6y + 14$
II $y = 4x - 12$

❸ **Berechne mit dem Additionsverfahren. Mache die Probe.**

I $0 = 4y + 6x - 12$
II $4y = 12x + 12$

Lernzielkontrolle

① **Berechne mit dem Gleichsetzungsverfahren. Mache die Probe.**

I $y = 8x - 18$
II $y = 6x - 32$

② **Berechne mit dem Einsetzungsverfahren. Mache die Probe.**

I $14x = 6y + 7$
II $2y = 4x - 6$

③ **Berechne mit dem Additionsverfahren. Mache die Probe.**

I $0 = 4y + 3x - 12$
II $4y = 6x + 12$

Jederzeit optimal vorbereitet in den Unterricht?

»